한국 보건의료운동의 궤적과
사회의학연구회

사회의학연구회 엮음 ㅣ **최규진** 지음

한울
아카데미

이 도서의 국립중앙도서관 출판예정도서목록(CIP)은 서지정보유통지원시스템 홈페이지
(http://seoji.nl.go.kr)와 국가자료공동목록시스템(http://www.nl.go.kr/kolisnet)에서 이용
하실 수 있습니다. CIP제어번호: CIP2016011901

먼저 이 책을 최규진 선생께 제안하고 쓰게 된 동기에 대해 말씀드리지 않을 수 없겠습니다.

저는 30년 전 산부인과 전문의 시험을 치르고 전공의를 마무리하면서 의사로서 어떤 일을 할까 고민하던 중, 사회의학연구회 선배님들이 시흥시(당시는 경기도 시흥군)에서 개원하는 신천연합의원을 같이 해보자는 제안을 받았습니다. 1986년 4월 양요환 선배님, 안용태 선배님과 함께 개원해 지역사회에서 주민들과 부대끼며 진료 했던 시간들은 함께 사는 것이 무엇인지를 체험하는 소중한 시간이었습니다.

그 후 2011년 1월부터 200 병상 규모의 신천연합병원의 의료법인 록향의 이사장으로 취임하면서 처음 한 일은, 개원 당시 함께 고생했던 창립 당시 직원들과 의사 선생님들을 모시고 좌담회를 개최한 일이었습니다. 이때 오랜만에 만나 25년 전 창립 당시 함께 고생하면서도 보람을 느꼈던 추억을 나누며 반가운 얼굴들을 확인할 수 있었

습니다. 이와 동시에 과거의 기억을 우연한 추억으로 두기엔 너무나
도 소중한 시간들이었음을 느끼고 이를 정리할 필요를 느끼게 되었
습니다. 또한 1970~1980년대 사회의학연구회 활동에 대한 기록의 필
요성을 느꼈으며, 이 활동이 한국 민주화운동과 보건의료운동 역사에
서 어떤 의미가 있으며 어떻게 평가받는가 하는 질문을 하게 되었습
니다.

신천연합병원의 모태인 사회의학연구회의 성립을 전후해 보건의
료운동의 궤적을 정리해줄 적임자를 찾기 위해 서울대학교 의대 인문
의학교실 황상익 교수님께 추천을 부탁드렸더니 최규진 선생을 추천
해주셨습니다. 최규진 선생은 쉽지 않은 작업인데도 흔쾌히 맡아주셨
고, 수개월 동안 많은 사람을 직접 인터뷰하고 기존의 기록들을 정리
하셨습니다. 아울러 한국 의료운동 역사의 맥락을 짚어주는 수고를
해주신 데 대해 깊은 감사를 드립니다.

또한 심재식 선생님, 고한석 선생님을 비롯한 사회의학연구회 선배님들께서 시간을 내어 인터뷰에 응해주시고 기억을 되찾게 해주신 점에 대해서도 감사드립니다. 아울러 저술 작업을 지원하기로 결정해주신 의료법인 록향 이사님들과 신천연합병원 노경선 원장, 김정은 진료부장을 비롯한 직원 여러분들께도 감사의 말씀을 전합니다.

2016년 5월

인도주의실천의사협의회 이사

고경심

차 례

추천사 3
들어가며 9

1 근대 보건의료운동의 역사 / 13

1. 양봉근과 '보건운동사' 13 | 2. 최응석과 '조선농촌사회위생조사회' 그리고 해방 공간에서의 국영 의료 담론 21

2 대한민국 정부 수립 이후 의대생들의 사회참여와 사의연의 탄생 과정 / 31

1. 1960년대 초 사회 정세와 학생운동 31 | 2. 1960년대 말 1970년대 초 사회 정세와 학생운동 그리고 서울대 의대 38 | 3. 서울대 의대의 상황과 사의연이 만들어지기까지의 과정 41 | 4. 사의연 창립 46

3 1970년대 전반 사회 상황과 사의연의 활동 / 51

1. 1970년의 사회 상황과 사의연의 활동 51 | 2. 1971년의 사회 상황과 사의연의 활동 57 | 3. 1972년의 사회 상황과 사의연의 활동 74 | 4. 1973년의 사회 상황과 사의연의 활동 82 | 5. 1974년의 사회 상황과 사의연의 활동 90 | 6. 1975년의 사회 상황과 사의연의 활동 110

4 1970년대 후반, 그리고 1980년대 초 사회 상황과 사의연의 활동 / 121

1. 1975년 이후의 사회 상황 121 | 2. 박정희 정권 말 사의연의 맥 123 | 3. 1980년 '서울의 봄', 그리고 '학생 그룹 사의연'의 종결 131

5 사의연 이후의 사의연 / 135

1. 1980년대 초 사의연 멤버들의 상황 135 | 2. 신천연합의원 개원 138 | 3. 신천
연합의원을 구심점으로 한 사의연 멤버들의 활동 141 | 4. 새로운 보건의료운동
의 전개 144

나가며: 1987년 이전 보건의료운동의 궤적과 사의연의 역사적 의의에 대해 158
부록: 사의연 주요 멤버들 현황 163
참고문헌 166
필자 후기 171

들어가며

우선 이 책의 제목은 익숙하지만 어려운 단어를 담고 있다. 바로 '보건의료운동'이라는 말이다. 사실 흔하게 사용하는 말인데도 이를 정의하기란 쉽지 않다. 가장 포괄적으로 정의 내린다면 "사회 구성원의 육체적·정신적 건강을 증진시키기 위한 진보적 사회운동" 정도로 기술할 수 있을 것이다. 여기에는 의료 혜택을 받지 못하는 사람들에게 의료 행위를 제공하는 것에서부터 국가 차원의 의료제도를 바꾸는 문제까지 다양한 내용이 담길 수 있다. 간접적으로는 한국 사회의 민주화 문제까지도 연관을 갖는다.

이 글에서는 그러한 보건의료운동 중에서도 의학도와 의사가 중심이 된 보건의료운동을 다루었다. 이를 최근 '보건의료 전문가운동'이라고 부르기도 하지만 이는 어디까지나 운동의 주체들이 보건의료 각 분야별로 세분화된 이후에나 적용 가능한 개념이다. 즉, 1987년 이후 운동의 내용이 다양해지고 보건의료 노동자가 의료인과 구별되는 보건의료운동의 중요한 주체로 등장하면서 분류되기 시작한 것이다. 역으로 그것이 1987년 노동자 대투쟁이 가지는 또 하나의 역사적 의미이기도 하다.

이런 관점에서 볼 때 대략 일제강점기부터 1987년까지를 다루고 있는 이 글에서 보건의료운동의 주체를 기준으로 세분하는 것은 맞지 않다. 물론 1987년 이전이라고 해서 보건의료운동을 의료인들만이 주도했다고 단정할 수는 없다. 그러나 보건의료와 관련된 정보는 물론 인적·물적 기반이 취약했던 시대 정황상 보건의료운동을 만들어나가는데 의학도 및 의사들이 주도적인 역할을 할 수밖에 없었을 것이다.

이렇게 보건의료운동에 대한 개념과 역사적 맥락을 정리한다고 해도 한국 근현대사에서 보건의료운동만 발라내는 것은 쉽지 않다. 많은 경우 보건의료운동이라는 것이 전체 운동 속에서 분리되지 않은 형태로 존재하기 때문이다. 이 글에서도 보건의료운동은 항일운동과 결합되어 있기도 하고, 반독재·민주화운동, 학생운동, 노동운동에서 뚜렷이 분리되지 않은 모습으로 존재하기도 하며, 제도권 정치에서의 사회제도 논의, 혹은 학술 영역이나 지역 운동에 결합되어 있기도 하다.

거시적인 관점에서 본다면 그렇게 전체 운동과 긴밀하게 영향을 주고받으며 성장하는 것이 보건의료운동과 같은 부문 운동의 자연스러운 발전 과정이자 특성이라고 할 수 있을 것이다. 특히 의학도와 의사 같은 지식인들이 보건의료운동의 주체로 등장하는 경우라면 대부분 전체 운동 속에서 급진화되는 과정을 겪고 이를 자신의 영역(보건의료 영역)에서 구체화시키는 단계를 밟기에 더더욱 그러할 것이다.

위에 언급한 이러한 점들을 고려한다면 1960년대부터 1980년대까지 전체 운동과 유기적으로 얽혀 있는 특정 의과대학의 서클이었던 사회의학연구회(이하 사의연)의 활동이 어떻게 보건의료운동사의 맥락에서 논의될 수 있는지 짐작할 수 있을 것이다.

좀 더 구체적으로 말하면, 이 글의 목적은 일차적으로 사의연의 활동을 정리하고 그것이 갖는 역사적 의미를 살펴보는 데 있다. 만약 보건의료운동사가 통사로서 정리되어 있다면 사의연 활동의 의의를 가늠하기가 훨씬 쉬울 것이다. 하지만 한국사에서 보건의료운동사가 통사로서 정리된 적은 없다. 다만 몇 가지 주요한 사건들이 연구되었을 뿐이다. 대표적으로 신영전이 일제강점기와 해방 직후 주요 보건의료 운동 사례를 정리한 바 있다.[1] 1987년 이후 본격적으로 전개된 의료인들의 보건의료운동에 대해서는 '의료연구회'와 '보건과사회연구회'에서 다룬 바 있다.[2] 그 밖에 건강보험 확대·통합 과정을 다룬 연구들이 일부 존재한다.[3] 그러나 건강보험 확대·통합 과정도 사실상 1987년 이후에 진행된 것이므로, 현재 한국의 보건의료운동사는 이승만 정권 시기부터 1987년 이전까지를 공백으로 남겨두고 있다.

---

1   신영전·윤효정, 「보건운동가로서 춘곡 양봉근(春谷 楊奉根 1897-1982)의 생애」, ≪의사학≫, 14권 1호(2005); 신영전·김진혁, 「최응석의 생애: 해방직후 보건의료체계 구상과 역할을 중심으로」, ≪의사학≫, 23권 3호(2014). 이 책의 제1장 '근대 보건의료운동의 역사'는 신영전이 주축이 된 이러한 선행 연구들을 바탕으로 정리한 것이다.

2   의료연구회, 『한국의 의료: 보건의료의 정치경제학』, 김용익 감수(한울, 1989); 보건과사회연구회, 『보건의료인과 보건의료운동』(한울, 1999).

3   대표적으로 신영전·비판과대안을위한건강정책학회·전국사회보험지부가 2010년에 발행한 『국민건강보장쟁취사』가 있다.

물론 1987년이 현대사에서 그리고 보건의료운동사에서 갖는 의미
는 아무리 강조해도 지나치지 않을 것이다. 하지만 1987년에 대한 각
인이 너무 큰 나머지 1987년 이전 보건의료운동에 대해서 소홀한 측
면이 없지 않다. 보건의료운동과 관련된 대부분의 선행 연구에서도
1987년 이전의 보건의료운동에 대해 "일부 학생 그룹의 활동이 있었
다"는 정도에 머물고 있다. 그러나 1987년의 상황을 올곧게 정리하기
위해서라도 이전의 역사를 꼼꼼히 살펴볼 필요가 있을 것이다. 다시
말해, 1960년대부터 1980년대까지 걸쳐 있는 사회의학연구회의 활동
을 검토하는 일은 특정 조직의 역사 정리를 넘어 한국 보건의료운동
사의 공백을 메우는 작업이기도 한 것이다.

하지만 아쉽게도 이런 작업을 충실히 할 수 있을 만큼 사료가 충분
히 남아 있지 않다. 그나마 사의연 창립 20주년을 기념하여 구술을
바탕으로 제작한 『사의연, 그 역사적 의의를 찾아서』라는 문서만이
남아 있는 상황이다. 이 글을 쓰는 데에도 많은 부분 이 문서를 참고
했다.[4] 그러나 기억에 의존한 구술만으로 역사를 정리할 수는 없는
일이다. 이 때문에 객관적인 역사 정리를 위해 보건의료운동사와 관
련된 선행 연구, 당시의 신문 자료와 논문, 민주화운동기념사업회에
보관된 사료, 서울대학교 의과대학 기록물 등을 검토했다. 또한 사의
연 멤버 이외에도 사의연과 직간접적으로 함께 활동한 관계자들을 추
가로 인터뷰하여 보완했다.

---

4   공식적으로 발행된 적이 없는 보고서 형태의 문서이다.

| 1 |

근대 보건의료운동의 역사

1. 양봉근과 '보건운동사'

한국의 근대[1] 보건의료운동의 역사는 일제 식민지 시대까지 거슬러 올라간다. 가장 멀게는 1920~1930년대 양봉근을 필두로 좌익 이념을 가진 보건의료 부문의 지식인들이 민족해방운동의 일환으로 전개한 활동을 포착할 수 있다. 이들은 19세기 말 유럽을 중심으로 시작된 사회의학의 전통에 영향을 받아 '보건운동사(保健運動社)'라는 단체를 만들고 잡지 ≪보건운동≫을 발간했다.[2]

---

[1] 이 글에서 말하는 근대는 갑오개혁을 기준으로 그 이후 시점을 의미한다. 현대라고 구분 지어 표현한 경우는 1950년 한국전쟁을 기준으로 삼았다.

대부분의 지식인 그룹 운동이 그러하듯 보건의료운동 역시 아무런 토대 없이 자생적으로 발생하는 것은 아니다. 일반적으로 전체 운동의 직간접적인 자극을 받은 의학도와 의료인들이 자신들의 영역에서 내용을 구체화하는 과정을 거치기 마련이다. 양봉근을 중심으로 1920~1930년대 보건의료운동이 형성되는 데 자극제 역할을 한 전체 운동은 바로 3·1운동이었다.[3]

3·1운동은 의학도들이 식민지라는 사회구조 속에서 피억압자로서 민중들과 동화되는 경험을 통해 지식인으로서의 사명감을 자각하는 계기가 되었다. 3·1운동 당시 구금된 학생은 경성에서만 171명에 달했다. 이 가운데 의학도가 35명으로 가장 많은 수를 차지했다.[4] 이후 일제는 시위 참가자를 구체적으로 파악해 정학 처분을 내렸는데 경성의학전문학교에서만 45명이 정학당했다.[5]

3·1운동을 통해 식민지 조선 사회의 모순을 자각한 의학도들은 3·1운동의 기운이 가라앉은 후에도 크고 작은 학내 운동을 이어나갔

---

2 신영전·윤효정, 「보건운동가로서 춘곡 양봉근(春谷 楊奉根 1897-1982)의 생애」, ≪의사학≫, 14권 1호(2005), 31쪽.

3 물론 3·1운동 전에도 의학교와 세브란스의학교 졸업생들 가운데 사회운동에 참여한 의료인들이 있었다. 하지만 이는 대부분 특정 단체에 개별적으로 참여하는 형태로, 보건의료운동과 연관 짓기는 어렵다. 이에 대해선 박윤형 외, 「일제시기 한국의사들의 독립운동」, ≪의사학≫, 17권 2호(2008) 참조.

4 경성의전 학생이 31명, 세브란스 의전 학생이 4명이었다(같은 글, 227~228쪽).

5 최규진·황상익·김수연, 「식민시대 지식인, 유상규(劉相奎)의 삶의 궤적」, ≪의사학≫, 18권 2호(2009), 160쪽.

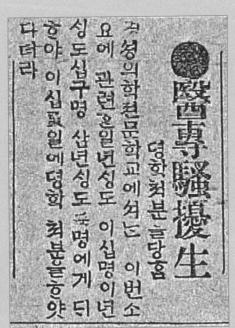

그림 1-1 3·1운동에 참여한 경성
의전 학생들에 대한 정학 처분을 알
리는 기사
자료: 《매일신보》, 1919년 4월 29일 자.

다. 1921년 5월에는 이른바 '쿠보(久保武) 망언 사건'으로 알려진 경성
의전 일본인 해부학 교수의 조선인에 대한 차별적 발언을 규탄하며
동맹휴학을 감행했다. 이 당시 경성의전 동맹휴학은 한 달여간 지속
되면서 학내 차원을 넘어 조선 사회 전체의 공분을 일으키는 사회문
제로 비화되었다. 이 사건과 관련해 학교 측은 조선인 학생 194명 중
아홉 명에게 퇴학을, 185명에게 무기정학 처분을 내렸다.[6] 퇴학자 중
최고학년인 4학년은 두 명뿐이었다. 사실상 이 동맹휴학을 이끌었을

이 두 명 중 한 명이 바로 양봉근이었다.[7]

양봉근은 이후 순회강연을 통해 학생들과 일반 민중의 각성을 촉구하고자 했던 '조선학생대회'에 강연자로 활동했다. 당시 양봉근의 강연 제목은 '지방적(地方的) 노력', '조선인의 조로성(早老性)', '우리의 죄악(罪惡)' 등이었다. 양봉근은 1922년 경성의전을 졸업한 후 사회주의 영향을 짙게 받은 '전조선청년당대회' 등에 참여하며 더욱 급진화되어갔다.[8]

1925년경 울산으로 활동 근거지를 옮긴 양봉근은 꾸준히 급진적 사회 활동을 전개하면서도[9] 의사로서의 정체성을 발휘하는 활동 또한 소홀하지 않았다. 전 조선인 의사들을 모아 '의학의 연구 발전과 위생사상을 보급"하기 위한 의계협동기관(醫界協同機關)을 만들기 위해 노력했으며,[10] 조선나환자연구회(朝鮮癩患者研究會)에서도 활발한 활동을 펼쳤다.[11]

---

6 서홍관·신좌섭, 「일본 인종론과 조선인」, ≪의사학≫, 8권 1호(1999) 참조.

7 신영전·윤효정, 「보건운동가로서 춘곡 양봉근(春谷 楊奉根 1897-1982)의 생애」(2005), 5~6쪽.

8 같은 글, 7~8쪽.

9 울산과학회 창립, 울산독서회 창립, 농촌문제와 노동문제 등 사료를 통해 다방면에 걸친 양봉근의 사회 활동을 확인할 수 있다(≪동아일보≫, 1925년 12월 1일 자, 1926년 12월 9일 자, 1927년 3월 25일 자, 1929년 11월 29일 자 참조).

10 발기인회까지는 꾸려졌으나 단체가 결성되는 데까지는 이르지 못한 것으로 추정된다(≪동아일보≫, 1923년 5월 2일 자). 그러나 이러한 흐름이 이어져 1930년 조선의사협회가 창립되었다.

11 ≪동아일보≫, 1931년 10월 21일 자.

2~3년간 울산에서 울산과학회 창립, 울산독서회 창립 등 다양한 지역운동을 이끈 양봉근은 이를 기반으로 1927년 신간회 창립에 뛰어든다. 일제의 방해로 곤혹을 겪었으나 1928년 3월 17일 울산지회 설립에 성공하였고 결국 울산지회장으로 선출되었다. 이후 1930년 신간회 중앙검사위원장으로 선출되면서 서울로 근거지를 옮겼고, 1931년 경성협화의원(京城協和醫院)을 열었다.

이러한 양봉근의 사회운동가로서의 활동과 의료인으로서의 활동 병행은 신간회 해소와 함께 급격히 보건의료운동으로 수렴된다.

조선민중의 보건운동을 기함에는 팔할 대중을 가진 농장에서 또는 공장과 가두에서 혹은 학교에서 먼저 보건위생의 사상 선전과 적극적으로 건강증진의 민중적 운동을 조사연구하고 이것을 발표함으로써 실천케 하자는 의의 있는 〈보건운동사〉의 창립대회는 지난 십오일(일) 오후 7시 반 종로중앙기독교청년회관에서 양봉근씨 사회와 이인규씨 취지 설명으로 열리었다. 출석한 인사는 사십 명에 달하여 성회를 이루었으며 임시의장으로 김탁원씨를 선출하여 경과보고와 규칙통과가 있었고 내빈 중에서 안재홍 강매 서정희씨의 축사가 있었다.[12]

양봉근은 1931년 4월 신간회가 해체되자 그해 말 경성협화의원 건

---

12 "창립된 보건운동사 기관지발간과 보건 사상철저보급", ≪동아일보≫, 1931년 12월 17일 자.

그림 1-2 ≪보건운동≫, 창간호(1932)
자료: 한국잡지박물관 소장.

물에 '보건운동사'를 설립하였다. 1931년 12월 17일 자 ≪동아일보≫
기사에 언급된 '보건운동사' 창립을 이끈 사람들을 보면, 양봉근 외에
도 이용설(李容卨), 김탁원(金鐸遠), 김동익(金東益), 유상규(劉相奎) 등
3·1운동에 의학도들이 가담하는 데 주도적인 역할을 했던 인물들이
대거 참여하고 있다. 이처럼 3·1운동을 통해 사회운동에 눈을 뜬 의
료인들은 "조선민중에게 보건위생사상의 보급 및 대중적 실천의 철저
를 기도함"을 목적으로 '보건의료운동사'를 만들었다. 그리고 이러한

목적을 달성하기 위해 강연회와 잡지 발간을 주요한 실천 수단으로 삼았다.[13]

'보건운동사'의 기관지, ≪보건운동≫은 1932년 2월 1일 창간되었다. 양봉근이 편집 겸 발행인을 맡았다. 양봉근이 썼을 것으로 보이는 창간사에는 "조선민중의 참다운 행복을 도래하는 다양한 민중운동 중 한 영역으로써 보건운동이 필요하며 목적의 피안(彼岸)에 도달하기 위해서는 최후의 승리를 손꼽는 현명한 장수가 평소에 병마(兵馬)를 살찌우듯 민중의 건강을 보호 증진시킬 필요"를 강조하고 있다.[14] 즉, "민족해방운동의 일환으로 당시 열악한 민중들의 건강수준을 향상시키고 위생사상을 보급하고자" 했던 것이다.[15]

'보건운동사'의 활동은 강연과 잡지 발간에 그치지 않았다. 도시 빈민층을 대상으로 시민 객담검사(喀痰檢査)를 시행했으며, 무산(無産) 아동과 공장 노동자를 대상으로 한 무료 건강진단을 실시했다.[16]

부내 수표정 보건운동사에서는 창립이래 일반민중의 보건을 위하여 위생강좌, 객담검사 등으로 만흔 노력을 하야오든바 금번에는 가정이나

13　신영전·윤효정, 「보건운동가로서 춘곡 양봉근(春谷 楊奉根 1897-1982)의 생애」(2005), 11쪽.
14　양봉근으로 추정, 「창간사」, ≪보건운동≫, 창간호(1932.2.1).
15　신영전·윤효정, 「보건운동가로서 춘곡 양봉근(春谷 楊奉根 1897-1982)의 생애」(2005), 14쪽.
16　같은 글, 11쪽.

학원에서 무산아동으로 의료의 힘을 입지 못하는 부내 각처의 야학교
와 강습소 등에 통학하는 아동의 건강상태를 조사연구하야 제1회 무료
건강진단을 시행할 터인데 누구이나 리용하기 바란다하며 그 희망자는
다음조항에 의하야 신청하면 그 시행일자를 통지할 터이라하며 제2회
로는 부내 각 공장노동자의 건강진단을 할 터이라한다.[17]

시내 표정 42번지의 보건운동사에서 경성시 내외에 산재하여 잇는 무
산아동교육기관인 40개소의 학원, 강습소, 야학 등의 재적아동 5천명
에 대한 무료건강진단을 실시하고자 그동안 만반준비에 착수하엿던 바
금번에 그 제1회 진단을 결행하기로 하고 아래와 가튼 일정으로 착수
할 터이라는데 이번 진단에는 동사 조사부장 리선근씨의 담임과 간부
의사 수명의 보조로써 가장 정미히 행한 터이며 제1기가 끗나면 다시
제2회 일정을 배정할 터인데 혹이 계획 신청에 빠진 학원이 잇스면 지
급히 동사로 신청하는 것이 조타한다. 4월 16일부터 6월 5일까지 1회
무료건강검진을 진행하였다.[18]

위 기사에서 보듯이 '보건운동사'는 빈민층 아동에 대해 대대적인
무료건강진단을 실시했다. 그리고 이를 점차 노동계급으로까지 확대
해, 보건의료라는 쟁점을 가지고 일제 식민지 시기 한국 사회의 문제

---

17   ≪매일신보≫, 1932년 2월 25일 자.
18   ≪매일신보≫, 1932년 4월 16일 자.

점을 부각시키고자 했다.

'보건운동사' 내부에 어떤 문제들이 존재했는지 혹은 일제의 탄압이 어느 정도였는지 현재로서는 알 수 없으나, 지부 설립까지 기획할 만큼 확장을 모색했던 '보건운동사'는 1932년을 끝으로 활동을 중단했다.[19] 비록 짧은 활동 기간이었음에도 '보건운동사'의 활동은 분명 '보건의료인들이 주축이 되어 보건의료와 관련된 진보적 어젠다(agenda)를 제시하며 사회 변화를 도모한' 근대 보건의료운동의 가장 앞선 사례였다.

2. 최응석과 '조선농촌사회위생조사회' 그리고 해방 공간에서의 국영 의료 담론

한국 근대사에서 보건의료운동이라는 틀로 조명해볼 수 있는 또 하나의 사례로 최응석의 활동을 들 수 있다. 앞서 본 양봉근의 성장 과정이 조선 내에서 밟을 수 있는 최고의 엘리트 코스였다면, 최응석의 성장 과정은 일본 제국의 울타리에서 밟을 수 있는 최고의 엘리트

---

19 이에 대해 양봉근의 아들 양득우는 "일본경찰의 감시를 못 견디어서"라고 말하고 있으나 구체적인 이유는 확인되지 않는다〔신영전·윤효정, 「보건운동가로서 춘곡 양봉근(春谷 楊奉根 1897-1982)의 생애」(2005), 14쪽〕. 1932년 3월 만주국 건립을 계기로 민중운동의 침체 속에 일제의 탄압과 회유가 심해졌던 상황도 고려해볼 수 있을 것이다〔지승준, 「1930년대 사회주의 진영의 전향과 대동민우회」(중앙대학교 사학과 석사학위논문, 1996), 13쪽〕.

코스였다. 1914년 2월 2일 당시 평양부 류정(지금의 평양시 중구역 류성동)에서 3남 중 장남으로 태어난 최응석은 1930년 평양중학교를 졸업하고 일본으로 건너가 도쿄 제1고등학교(이과)를 거쳐 1933년 도쿄제국대학 의학부에 입학했다. 그는 1936년 최고학년인 4학년 때 조선으로 돌아와 울산 달리(達里)에서 사회위생조사를 진행했다.[20]

이 울산 달리 사회위생조사는 도쿄제국대학 의학부 학생 8명, 도쿄제국대학 경제학부 학생 1명, 도쿄여자의학전문대학 학생 3명, 총 12명으로 구성된 조사단이 참여하였으며 1936년 7월부터 8월까지 약한 달 반 동안 이루어졌다.[21] '조선농촌사회위생조사회'가 공식적으로 밝힌 이 조사의 연구 목적은 "첫째, 조선의 한 농촌인 달리의 위생상태가 농업노동과 관련해 한편으로는 도시의 각 노동 부문과 대비하여, 또 다른 한편으로는 일본 국내 및 기타 각국의 농촌과 대비해 어떠한 양상을 보여주고 있는가, 둘째, 달리 농민이 보유한 경제적 내용에 기초해 분류되는 각 농민층이 보여주는 사회위생학적 양상이 어떻게 다르고 유사한지를 보여주고 있는가를 조사하는 것"이었다. 아울

20 신영전·김진혁, 「최응석의 생애: 해방직후 보건의료체계 구상과 역할을 중심으로」, ≪의사학≫, 23권 3호(2014), 472쪽.

21 이 조사단은 도쿄제국대학교 의학부의 최응석(崔應錫), 시마무라 키쿠지(島村喜久治), 시부사와 키쥬오(澁澤喜守雄), 기타 렌페이(北鍊平), 오오구시 시게루(大串茂), 이케다 타다요시(池田忠義), 오자키 요시아츠(尾崎嘉篤), 에조에 츠토무(江副勉), 도쿄제국대학교 경제학부의 이쾌수(李快洙), 도쿄여자치과의전의 홍종임(洪鍾任), 도쿄여자의전의 오선일(吳善一), 이소저(李少姐)로 구성되었다. 12명 중 일본인이 7명, 조선인이 5명이었다.

러 조사를 하게 된 동기로 "조선을 사랑하며 그 적나라한 모습을 이해하려는 내적 욕구"라고 언급했다.[22]

하지만 최응석은 1949년 평의전 교직원 이력서에서는 울산 달리 조사를 진행했던 목적에 대해 다음과 같이 밝히고 있다.[23]

1936년 일본인 맑스주의 동지 및 조선학생과 같이 경상남도 울산읍 달리에서 맑스주의적 견지에서 조선농촌의 사회위생학적 조사를 했다. 이 보고서는 이와나미서점에서 단행본으로 출판되었다. 농촌의학의 조선에서의 교시라고 볼 수 있다고 생각한다.

이 조사 사업에 대한 재정적 지원은 재일 조선인 학생을 지원하던 자강회(自彊會)와 일본 재계 실력자이자 일본 민족학의 아버지라 불리는 시부사와 게이조(澁澤敬三)에 의해 이루어졌다.[24] 이처럼 지원자와 조사자의 이해가 균일하지 않고, 조사자 중에서도 일본인과 조선인이 섞여 있었던 만큼 이 조사의 성격을 명확히 규정하기 위해서는 좀 더 심도 있는 분석이 필요하나 적어도 최응석은 다분히 사회운동적 관점에서 참여했던 것으로 보인다.

최응석이 대표를 맡아 편집한[25] 이 조사서의 주요 내용을 살펴보면

---

22 朝鮮の農村衛生, 『慶尙南道蔚山邑達理の社会衛生学的調査』(岩波書店, 1940), 1~3쪽(序).

23 신영전·김진혁, 「최응석의 생애: 해방직후 보건의료체계 구상과 역할을 중심으로」, 472~473쪽.

24 최길성, 『일본 민속학자가 본 1930년대 서해도서 민속』(민속원, 2004) 참조.

朝鮮農村社會衛生調查會編

朝鮮の農村衞生

――慶尙南道達里の社會衞生學的調查――

岩波書店刊行

그림 1-3 **1940년 이와나미 서점에서 발간된
『조선의 농촌위생』**

지금의 울산 남구 달동 지역에 해당하는 달리는 조사 당시 129호로
구성된 농촌이었고, 호수의 73.3%가 소작을 했다. 주민들의 주식은
쌀과 보리였으며 상층 10여 호는 한 해 쌀 14.7석, 보리 7.6석을 소비
한 데 비해 중층은 반절인 5.3석과 3.4석, 하층은 2.1석, 2.4석에 지
나지 않았다. 이들은 식량이 모자라 대개 죽을 만들어 먹었고, 전체

---

25 조선농촌사회위생조사회, 『조선의 농촌위생: 경상남도 울산읍 달리의 사회위생학적
    조사』, 임경택 옮김(국립민속박물관, 2008), 335쪽.

호수의 6분의 1인 22호는 경작도 못 하고 쌀보리 등을 빌려 연명했다. 유아 사망률은 32.7%에 달했으며 유·조산 및 사산율도 높아 조사단은 "세계적으로도 알려진 최고의 사망률과 유·조산, 사산율이지 않을까 하는 의구심을 갖는다"고 적시했다.[26] 주민들은 1인당 평균 4개 정도의 질병을 앓고 있었는데, 질환 중 가장 많은 것은 기생충 감염(97.7%)이었으며, 그다음으로 소화기 질환(66%), 눈병(57.7%), 잇병(38.4%) 등의 순이었다.[27] 또한 조선 성인의 신장은 일본 성인보다 큰 반면 조선 아동의 경우 일본 아동보다 신장이 훨씬 작다며 "(조선) 성인의 체격이 좋은 것에 반해, (조선) 아동이 얼마나 열세의 체격을 갖고 있는지를 보면 매우 마음이 아프다"고 기술했다.[28]

이처럼 이 조사서는 주민을 상층, 중층, 하층으로 분류해 하층민의 열악한 상황을 두드러지게 제시했으며, 특히 조선인 여성과 아동에 대해 연민의 시각을 드러내고 있다. 앞서 언급했듯이 이 위생조사의 목적과 성격을 규정하기란 쉽지 않지만 조사의 내용이나 관점들을 볼 때, 더욱이 이후 최응석의 발전상을 고려할 때 보건의료운동의 맥락에서 보더라도 크게 어긋나지 않을 것이다.

이후 최응석은 도쿄제국대학 의학부를 졸업하고 해방 직전까지 사카구치 코조우(坂口康藏) 교수 밑에서 내과 강좌 조수로 일했다. 그러

---

26 같은 책, 221쪽.

27 같은 책, 294~295쪽.

28 같은 책, 274쪽.

나 이 기간에 최응석은 적지 않은 사회운동에 관여한 것으로 보인다. 자세한 활동 내용은 현재로서 파악하기 어려우나 1944년 2월 17일 일본 전시하 최대의 사상·언론 탄압 사건인 '요코하마 사건'에 연루되어 치안유지법으로 체포되었다. 그는 자신의 자서전에서 체포 이유에 대해 '조선의 농촌 위생', '연안련락 기도 사건', '맑스주의 선전 계몽', '일본공산당 자금 제공'이 문제가 되었다고 밝히고 있다.[29]

조선에 돌아온 최응석은 해방 이후에도 급진적인 활동을 전개해나 갔다. 경성대학 의학부 제2내과 교수를 역임하며 '조선산업의학회' 결성을 주도했다. '진보적' 청년 의학도 150명을 모아 결성한 이 조직은 1945년 11월 17일 창립식을 갖고 '근로대중의 보건문제 해결', '과학적 산업의학이론 확립'을 취지로 밝혔다.[30] 1945년 12월에는 이에 대한 실천으로서 "최응석을 중심으로 경성대학 의학부, 경의전, 여의전 교수·학생의료반이 영등포 공장지대를 중심으로 노동자 건강상태와 생활환경 조사 및 치료 활동을 전개"했으며, 일부 학생 조직은 농촌으로 가서 활동했다.[31] 또한 최응석은 1946년 결성된 '민주주의민족전선(이하 민전)'의 중앙위원(1946.1~10), 사회정책연구위원회 전문위원(1946.3~?)으로 활동하면서, "'조선공산당' 전문부 부원으로서 교육 및 보건문제에 대해 연구"했다.[32]

---

29 신영전·김진혁, 「최응석의 생애: 해방직후 보건의료체계 구상과 역할을 중심으로」, 474쪽.

30 청년과학기술자협의회, 『과학기술과 과학기술자』(한길사, 1990), 334-335쪽.

31 ≪동아일보≫, 1945년 12월 26일 자.

이러한 활동을 바탕으로 최응석은 해방 공간의 새로운 국가 건설에 대한 논쟁에 적극적으로 뛰어들었다. 보건의료와 관련해 이른바 '국영의료체계론'과 '미국식 보건의료체계 수용론' 사이의 논쟁이 대두되었는데 '국영의료체계론'의 대표적 주창자가 바로 최응석이었다. 최응석은 '국립병원, 협동조합병원, 개인 개업의' 3종을 기본으로 하는 의료 국영론을 주장했다.[33] 반면 이용설을 중심으로 한 '미국식 보건의료체계 수용론'자들은 의료 국영론을 시기상조라고 주장하며 '의료 시설과 전문 과목 담당 의사의 부족' 등을 이유로 민간이 종합병원을 많이 설립하게 해야 한다고 주장했다. 또한 보건 행정의 발전을 위해 선진국인 "미국으로부터 많은 것을 배우는 것이 가장 중요한 일"이라고 역설했다.[34]

　인민보건전선에 있어서도 모든 방면으로부터 혁명적 전진이 요청되고 있다. 첫째, 의료제도의 국영화를 통하여 그것을 통일된 조직으로써 관리하여 인민이 쉽게 치료를 받을 수 있게 하는 동시에 모성, 유아, 아동 보호사업, 노동자 농민의 근로대중에서 결핵, 성병 등의 박멸푸로구람의 전국적 조직을 전개할 것이다. 둘째, 사회보험제도의 확충으로써 전

32　'조선공산당' 전문부 부원 활동은 최응석이 자신의 자서전에서 밝힌 내용이다(신영전·김진혁, 「최응석의 생애: 해방직후 보건의료체계 구상과 역할을 중심으로」, 475쪽 참조).

33　최응석, 「현단계 보건행정의 근본적 임무」, ≪조선의학신보≫, 2호(1947), 19쪽.

34　이용설, 「보건후생행정에 대하야」, ≪조선의학신보≫ 2호(1947), 17쪽.

인민을 무료로 진료할 수 있도록 하여 인민의 노동과 생활을 보장하여
야 할 것이다. 셋째, 인민이 자격의사에 의한 치료를 받을 수 있도록 무
자격의 및 반자격의를 재교육하는 동시에 중앙학부의 건설과 그 해방
을 단행하여 지방의사를 항상 재교육하여야 할 것이다. 한의의 재교육
문제는 특히 고려하여야 할 것이다. 넷째, 의학교육에 있어서 의사를
노동자, 농민, 소시민 등 근로대중을 위한 사회적 노동자 또는 교사로
써의 자각을 양성시키기 위하여 사회과학을 교과과정에 넣는 동시에
의학을 예방의학적 방향으로 재편성할 것이다. 다섯째, 약품의 대량적
제조 및 외국제 약품의 구입 등을 국영화할 것이다. 여섯째, 인민대중
의 보건은 인민자신의 임무라는 것을 실천하여야 할 것이다. 노동자의
보건을 노동자 자신이 관리하는 자주적 의료기관의 설치가 제기되어야
될 것이다. 실비진료소, 협동조합에 의한 의료이용조합의 결성 등의 의
료의 실질적 사회화가 제기되어야 될 것이다.

의료의 인민화라는 것은 어떤 사람이 생각하는 것과 같이 모든 개인병
원을 폐쇄하고 모든 개인개업을 금지하는 것이 아니고 의료의 실질적
인민화, 즉 모든 사람이 무료로 혹은 실비로 적당한 진료를 받을 수 있
는 책임을 인민자체 혹은 국가가 지는 것을 의미하는 것이다. 이때에
비로소 태양을 맞은 서리와 같이 모든 영리적 개인개업이 없어질 것
이다.

일곱째, 국영병원에서의 의료관계자의 근로시간을 6~8시간으로 단축
하여 그들에게 기술향상, 연구의 유예를 주는 동시에 경제적으로 생활
을 보중하여야 할 것이다.

의료의 인민화운동을 전개하여 인민보건전선에 있어서의 비약적 전진
을 기도하자![35]

이와 같은 최응석이 제시한 보건의료체계는 당시 사회주의 진영의
안을 대변하는 것이었다. 결국 미군정은 이용설의 손을 들어주었고,
미군정하 좌익 진영에 대한 탄압이 강화됨에 따라 최응석을 비롯한
진보적 보건의료계 인사들이 월북하면서 '국영의료체계론'은 급속히
쇠퇴되었다.[36] 비록 성공적으로 매듭짓지는 못했으나 최응석의 활동
은 한국 보건의료운동사를 통틀어 가장 급진적이며 가장 광범위하게
전개된 것이었다.

---

35 최응석, 「朝鮮醫學建設에 關하야」, ≪과학전선≫, 2월호(1946); 황상익, 「북으로 간
    의사들」, 건국대학교 통일인문학연구단 제16회 콜로키움 발표자료(2011) 참조.
36 미군정은 1946년 5월 '조선공산당'을 불법화하고, 남한 내 좌익 세력에 대한 탄압을
    강화해나갔다. 1946년 7월 13일 미군정 학무국은 경성제국대학교의 후신인 경성대
    학교의 3개 학부와 일제 때 만들어진 9개 관립전문학교를 통폐합해 종합대학(서울대
    학교)을 만드는 '국립서울대학교설립안'을 발표했다(이하 국대안). 경성제국대학교
    의학부와 경성의학전문학교의 합병 역시 추진되었다. 이 국대안은 정치적 쟁점으로
    까지 확대되며 결국 800여 명의 학생들이 복교하지 못했고 300명이 넘는 교수들이
    파면되거나 사임했다. 해방 공간에 더 많은 의사가 빨리 배출될 필요가 있다는 주장
    을 펼치며 통합에 반대했던 최응석 역시 이 과정에서 경성대학교 의학부 교수직을
    그만두고 월북해 1946년 11월 17일 자로 김일성대학교 의학부 부장 겸 병원장에 임
    명되었다(신영전·김진혁, 「최응석의 생애: 해방직후 보건의료체계 구상과 역할을 중
    심으로」, 477~478쪽 참조).

2

대한민국 정부 수립 이후
의대생들의 사회참여와 사의연의 탄생 과정

1. 1960년대 초 사회 정세와 학생운동

해방 이후 분단체제가 성립되고 남한에서 대규모 사회운동이 다시
분출한 것은 1960년이 되어서였다. 1960년 3월 15일 정·부통령 부정
선거를 계기로 대규모 시위가 일어난 것이다. 특히 마산 앞바다에 떠
오른 김주열의 시신은 4·19 혁명의 불을 댕겼다.

4월 19일 혁명의 중심에는 수많은 대학생이 있었다. 특히 흰 가운
을 입은 의대생들의 행렬은 혁명의 기운을 북돋았다.[1]

이 중 서울대학교 의대생들의 참여 과정을 살펴보면 특정 인물이

---

1   한종수·홍기원, 『4·19 민주올레』(프레스바이플, 2013), 서울대학교 의대 부분 참조.

그림 2-1 **4·19 혁명 당시 의대생들이 가운을 입고 시가행진에 참여하고 있는 모습**
자료: 4·19민주혁명회(www.419revolution.org).

나 그룹이 있어 사전에 기획된 것이 아니었다. 4월 19일 아침, 서울
지역 병원에서 임상 실습을 하던 중에 부상자들이 병원으로 실려
오자 사태의 심각성을 깨닫고 긴급 학생회의를 열어 시위 참여를 결
정한 것이었다. 그들의 참여는 상징적으로도 의미가 컸지만 부상당
한 시민들에 대한 구호 활동을 전개하며 실질적으로도 큰 도움을 주
었다.[2]

---

2   현대사기록연구원, 「서울의대 심영보 구술기록」, 4월혁명 구술아카이브즈(http://

그러나 4월 혁명의 열기는 1961년 5월 16일 박정희가 일으킨 쿠데타로 인해 단숨에 식어버렸다. 5·16 군사 쿠데타로 인해 민주주의는 철저히 억압되었다. 군부 권력은 부정선거 원흉과 부정 축재자 처벌을 내걸기도 했지만 그보다는 민주주의를 염원하는 진보 세력을 훨씬 가혹하게 탄압했다.[3]

그러나 4·19 혁명이 지펴놓은 학생들의 저항 정신은 쉽게 꺼트릴 수 없었다. 박정희 군사정권에 대한 학생들의 항거는 한일회담을 계기로 다시 점화되었다. 과거 식민지 지배에 대한 사과 한마디 얻어내지 못한 채 무상원조 3억 달러를 받는 대가로 해양 주권선인 '평화선'을 넘겨주는 박정희 정권에 대한 학생들의 분노가 들끓었다. 1964년 3월 24일 서울대, 연세대, 고려대 학생 5000여 명이 동시에 대규모 가두시위를 벌이며 '6·3'으로 불리는 2년여에 걸친 항쟁의 서막을 알렸다.[4] 이날 전국 주요 도시에서 한일회담 반대 시위를 벌인 학생과 시민은 총 8만여 명에 달했다.[5]

---

oralhistory.kdemocracy.or.kr).

3 "국가재건최고회의는 민족통일연맹(민통련) 중심의 통일운동, 피학살자 유족회 등을 특수반국가행위로 규정하고 6월 22일 소급법으로 특수범죄 처벌에 관한 특별법을 공포했다. '혁명검찰부'에 의하면 혁신정당과 민족자주통일중앙협의회, 한국교원노조연합회, 민통련, 유족회 활동자가 주 대상인 사건은 225건, 608명으로 수리된 사건 전체 인원의 41.3%나 차지한 반면, 3·15부정선거 원흉들은 불과 163건, 306명이 수리되었다"[이창언, 『박정희 시대 학생운동』(한신대학교출판부, 2014), 27~28쪽].

4 이호룡·정근식, 『학생운동의 시대』(선인, 2013), 79~81쪽.

5 이창언, 『박정희 시대 학생운동』, 41쪽.

이후 5월 30일 시작된 서울대학교 문리대 학생들의 단식농성은 6·3 항쟁을 지피는 군불 역할을 했다. 단식에 동참하는 학생은 날이 갈수록 점점 늘어났고, 그만큼 단식으로 지쳐 쓰러지는 학생도 늘어 났다. 서울대 의대생 20여 명은 함춘회관에 임시 입원실을 마련하며 쓰러진 사람들과 단식농성자들을 간호했다.[6] 현장에서 이들의 헌신 적인 의료 지원 활동을 목격한 윤보선은 "그들도 단식농성에 참여하 고 있는 것이나 마찬가지"라며 경의를 표했다.[7]

당시 서울대학교 학생회장이었던 김덕룡의 "오늘의 단식투쟁은 내 일의 피의 투쟁이 될지도 모른다"는 선언문은 며칠 안 가 현실이 되었 다. 6월 3일, 1만여 명의 학생과 시민이 "박 정권 타도"를 외치며 경찰 저지선을 뚫고 광화문으로 쏟아져 나왔다. 급기야 청와대 외곽의 방 위선까지 돌파했다. 이날 서울뿐 아니라 지방 대도시에서도 동시다발 적인 격렬한 시위가 벌어졌다. 박정희는 "학생 데모의 난동화는 국가 기본을 흔들고 망국의 씨를 뿌리는 철없는 한탄스러운 일", "파국을 위한 불가피한 단안을 내리기에 이르렀다"며 오후 8시 서울시 전역에 비상계엄령을 선포했다. 박정희는 비상계엄령 선포 후 곧장 4개 사단 병력을 투입해 시위대를 무력으로 진압했다. 이 무력 진압으로 시위

---

6 당시에는 현재의 마로니에 공원 터인 동숭동 캠퍼스에 문리과대학, 법과대학, 미술 대학이 있었고, 맞은편 연건동 캠퍼스에 간호학과를 포함한 의과대학이 있었다. 참 고로 의예과는 문리대에 포함되어 있었다[서울대학교 60년사 편찬위원회,『서울대 학교 60년사』(서울대학교, 2006), 57~60쪽].
7 윤보선,『외로운 선택의 나날들: 윤보선회고록』(동아일보사, 1991), 290쪽.

대 중 200여 명이 부상을 당했고 1,200명 가까이 체포되었다. 이후 7
월 29일 계엄령이 해제될 때까지 일체의 옥내·외 집회와 시위 금지,
대학의 휴교, 언론·출판·보도의 사전 검열, 영장 없는 압수·수색·체
포·구금·통행금지 시간 연장 등의 조치가 취해졌다.[8]

1965년 4월 한일협정 및 한일기본조약이 가조인(假調印)되자 고등
학생과 대학생의 반대 시위가 다시 불붙었다. 서울대학교 문리대생이
단식투쟁을 벌인 지 거의 1년 만인 1965년 6월, 단식투쟁은 학생운동
의 특징 중 하나로 자리 잡았다. 전국 각 대학은 단식투쟁을 벌이며
한일협정에 대해 결사적으로 반대했다. 박정희 정권은 이를 폭동으로
규정하고 한일협정 정식 조인을 하루 앞둔 6월 21일 15개 대학, 58개
고등학교에 휴교 및 조기 방학 조치를 내려 학생들의 운집을 막았다.
이에 즉각적인 반발로 서울의 10개 대학과 3개 고교에서 1만여 명이
시위로 응수했다. 서울대학교 법과대학에서는 단식 학생 158명이 졸
도하는 일대 참사가 빚어졌다. 서울대학교 의대생들도 성토대회 후
법대의 단식에 합류했다. 조인 전야의 마지막 몸부림이었다. 그러나
정부는 이 모든 민족적 요구를 묵살한 채 6월 22일 정식 조인을 강행
했다.[9]

조인 후에도 학생들의 시위는 가라앉지 않았다. 6월 23일에는 이
화여대, 숙명여대, 성균관대, 서강대, 서라벌예대, 가톨릭대 의대 등

---

8   이창언, 『박정희 시대 학생운동』, 46~48쪽.
9   이재오, 『해방 후 한국 학생운동사』(파라북스, 2011), 228~229쪽.

이 시위를 벌였고, 특히 이화여대생들은 30여 발의 최루탄을 맞아 상당수가 부상당했다. 24일에는 서울대 의대를 비롯해 이화여대, 성 균관대, 연세대, 서강대, 경희대, 중앙대, 덕성여대가 단식에 들어갔 다. 26일에는 중앙여고, 충주실업고, 동양공전 등이 시위를 벌였다. 6월 26일 이화여대 교수단이 "애국지성 짓밟지 말라"는 대정부 항의 문을 냈고, 성균관대, 성남고, 숭의여고, 건국대 등이 시위를 했다. 6 월 29일에는 연세대 의대생들이 한일협정 비준 반대 성토대회를 마 친 후 '일제 상품 보이콧' 운동을 범국민적으로 전개할 것을 호소하기 도 했다.[10]

서울대학교 향토개척단을 비롯한 전국 농과대학 학생연합회, 전국 대학 4-H 연구회 연합회, 각 대학 총학생회 농촌부, 각 대학 농촌문제 연구회 등이 대거 농활을 떠나며 운동의 흐름이 잠시 꺾였으나 7월 2 일 보성여고 600여 명이 단식투쟁에 들어갔고, 이대생들은 '비준 반 대 서명운동'을 전개해 하루 만에 1만 2000여 명의 시민으로부터 서 명을 받았다. 가톨릭대 의대생 450명도 단식 시위에 들어갔으며, 동 래고교생 1000여 명도 시위를 벌였다. 7월 3일에는 서울대 의대생 200여 명이 가운을 입고 "한일협정 속발증은 치료 불능 악성종양"이 라는 플래카드를 들고 시위를 벌이기도 했다.[11]

이후 학생운동은 단식투쟁으로 접어들면서 사실상 힘 대결의 한계

---

10 같은 책, 230쪽.
11 같은 책, 231~232쪽.

를 노정했다. 그러나 위기감을 느낀 박정희 정권은 연이어 무리수를 두었다. 8월 14일 일당 국회에서 비준안을 변칙 통과시켰고 같은 날 세칭 '인혁당 사건'을 발표했다.[12] 이에 학생운동은 다시 체제와의 대결을 불사하며 일어났다. 8월 이후의 학생운동은 '국회 해산과 총선거'를 기치로 내걸며 반외세 민족주의 투쟁에 반독재 민주주의 실천 투쟁을 결합시켰다. 운동이 체제 대결적인 형태로 발전해나가자 조급해진 박정희 정부는 8월 26일 급기야 위수령을 발동했다.[13]

위수령 발동 이튿날인 8월 27일, 각 대학교 교정에 진주한 군인들은 야영 캠프를 설치하고 학교 출입을 일절 차단했으며, 교직원도 증명을 제시해야만 출입시켰다. 이러한 상황 속에서도 고려대생 1000여 명과 건국대, 중앙대, 성균관대, 한양대, 경희대 등 학생 100여 명이 고려대 강당에 모여 '학원 방위 학생 총궐기 대회'를 열고, 서울대 의대를 비롯한 동양의대, 서울사대, 이화여대, 연세대, 숙명여대, 성

---

12 사건을 담당한 공안부 검사(이용훈, 최대현, 김병리, 장원찬)들은 구속 연장 만료일인 9월 5일, 만장일치로 기소를 거부할 정도로 정권에 의해 조작된 이 사건은 결국 1965년 1월 20일 피고 13명 중 도예종 징역 3년(반공법), 양춘우 징역 2년, 나머지 피고인 11명 전원 무죄로 선고되며 용두사미로 끝을 맺었다. 하지만 제1차 인혁당 사건은 이후 독재정권이 위기를 맞을 때마다 거의 단골 메뉴로 등장하다시피하는 용공조작 사건의 전형을 보여준 시초였다. 인혁당 사건의 망령은 10년 뒤, 1차 인혁당 사건 당시 검찰총장이었던 신직수 중앙정보부장과 중앙정보부 5국 대공과장이었던 이용택 중정 6국장의 손에 의해 또다시 제2차 인혁당 사건으로 부활하게 된다(민주화운동기념사업회 오픈아카이브, '1차 인혁당 사건'(http://archives. kdemo.or.kr).

13 이재오, 『해방 후 한국 학생운동사』, 231~237쪽.

균관대 등도 난입 군인과 박정희의 발언을 규탄한 뒤 농성에 들어갔지만 이미 군홧발에 짓눌린 운동을 살리기에는 역부족이었다. 박정희 정권이 1964년 6·3 계엄령으로 1964년 존립의 위기를 넘겼다면, 1965년 8월 26일 위수령으로 다시 한 번 군대의 힘을 빌려 정권 존립의 위기를 넘겼다.[14]

1964~1965년, 약 2년에 걸친 6·3 항쟁은 민심의 분노에 대학생이 가세한 4·19 혁명과 달리, 심각한 민심 이반이 없었음에도 불구하고 '대일 굴욕외교 반대'라는 정치적 쟁점을 학생들 내부에서 부각시켜 일반 민중에게까지 확산시킨 역사적 사건이었다.[15] 아울러 5년 전 4·19 혁명에 참여했던 선배들의 기치를 이어받아 의학도들이 사회문제를 인식하고 시대적 사명감을 실천할 수 있는 중요한 계기이기도 했다.

2. 1960년대 말 1970년대 초 사회 정세와 학생운동 그리고 서울대 의대

1960년대 후반은 냉전체제 속에서 한국군의 베트남전 파병과 남북

---

14 같은 책, 234~237쪽.
15 신동호, 「6·3한일회담반대운동」, 민주화운동기념사업회 오픈아카이브(http://archives. kdemo.or.kr/contents/63.jsp).

한의 군비 경쟁(軍備競爭)이 진행되며 그 어느 때보다도 한반도의 긴장이 고조되던 시기였다. 박정희 정권은 한일협정의 체결을 통해 한·미·일 유착 구조를 구축함과 동시에 자신의 장기 집권을 위한 작업을 진행했다. 국민적 반감을 살 수 있는 이러한 일들을 진행하기 위해서는 냉전적 반공 의식을 강화해야 했다. 1968년 향토예비군 창설, 1968년 4월 대학군사훈련교육 실시 방침, 1968년 12월 국민교육헌장 선포, 반공 교육 강화와 함께 언론과 대학생들을 통제하려는 시도들이 이어졌다. 박정희 정권은 이러한 공세를 정당화하기 위해 여러 조작 사건을 연이어 발표했는데 1967년 7월의 동백림 사건, 1968년 8월의 통일혁명당 사건이 그것이었다.

운동 진영의 상황을 보면, 6·3항쟁 이후 사그라들었던 학생운동이 1967년 부정선거 규탄 운동을 시작으로 다시 살아나고 있었다. 그리고 1968년 6월 서울대학교 법대에서 '헌정수호 성토대회'가 열린 후 대학가는 다시 뜨거워졌다. 1969년은 다시 살아난 민주화 요구를 발전시켜 '3선 개헌 반대 투쟁'을 이어나갔다. 당시 학생운동은 박정희 정권을 '파시즘'으로 규정하고 가두시위, 화형식, 성토대회, 단식투쟁 등으로 맞서 싸웠다. 이에 박정희 정권은 또다시 각 학교에 휴교령을 내리고 대학의 학과를 통폐합하는 등 갖은 수단을 동원해 학생 시위를 틀어막았다. 결국 민주화운동에도 불구하고 3선 개헌은 통과되었고 유신을 향한 박정희 정권의 행보는 계속되어갔다.

그러나 1970년대 초입은 박정희 정권의 위기가 심화되는 시기이기도 했다. 1960년대 중반 이후 저임금노동에 기반을 둔 수출 주도 정책이 한계에 부딪히고, 계속해서 치솟는 인플레이션과 국제수지의 악화, 경기 침체 등은 외자기업의 부실 및 도산과 맞물려 회복이 불투명해지면서 박정희 정권의 물질적 기반을 약화시켰고, 경제적 위기는 곧바로 사회적 위기와 연결, 기층 민중의 생활을 악화시키는 동시에 민중운동이 고양되는 계기를 가져왔다. 경제적 위기는 잠재된 계급 갈등을 증폭시키는 역할을 했고, 기층 민중들은 이제 상당히 적극적인 투쟁 방식으로 정치 참여와 공정한 부의 분배를 요구하는 상황이었다.

전태일의 분신과 더불어 노동자들의 파업 투쟁은 계속되었으며 1971년 8월, 광주 대단지 폭동, 도시 소상인들의 철시와 조세 저항 등과 같은 민중들의 생존권 싸움도 지속적으로 일어났다. 기층 운동이 폭발적으로 고양되는 가운데 1971년 양대 선거를 전후로 지식인들의 반독재운동도 활성화되는데 1971년 언론자유수호운동, 사법권수호운동, 대학자주화선언운동 등이 그것이다. 이러한 민중과 지식인들의 투쟁이 정치권력을 위협할 정도는 아니었으나 이러한 상황에서 권력을 유지하기가 쉽지 않다는 것을 깨달은 박정희는 더 이상 집권을 위한 개헌조차도 불필요한 유신체제로의 체제 이행을 모색하게 된다.

1970년대 초의 학생운동은 3선 개헌 파동의 후유증으로 운동의 방향을 잡지 못한 채 체계적이고 통일적인 연대 없이 산발적으로 진행되었다. 그러나 전태일의 분신을 계기로 전열을 가다듬기 시작한다. 분단과 전쟁 이후 모든 사회운동 세력들이 쇠잔하고 오직 정치권력만이 전횡하던 상황에서 전태일의 죽음은 1970년대 자생적 노동운동의 싹을 틔웠다. 또한 그의 일기장에 적힌 "단 한 명의 대학생 친구만 있었더라면 좋겠다"는 외침은 수많은 대학생들의 심장을 두드렸고 학생운동을 새롭게 자극하는 중요한 계기가 되었다.

3. 서울대 의대의 상황과 사의연이 만들어지기까지의 과정

당시 서울대학교에는 여러 서클이 학생운동을 주도하고 있었다. 대부분 학회의 이름을 빌려 시작된 서클들이 서서히 사회에 대한 인식과 실천의 문제를 고민하기 시작했고, 사회과학적인 이론의 학습과 사회 상황에 대응하는 시위 조직은 이들 서클의 일상사가 되었다.

영향력 있는 서클로는 한국사회연구회(1967년 시작),[16] 이론경제학회(1969년 시작), 문리대, 법대, 상대생이 주축이 된 후진국사회연구회(1969년 시작),[17] 문우회(1967년 시작) 등이 있었고 이 밖에 흥사단 아카데미, 복문회, 경제법학회, 사회법학회, 농촌법학회, 공법회, 산업사회연구회 등이 있었다.

의대 내에서도 학생운동이 없었던 것은 아니었다. 1969년 3선 개헌 반대 시위가 일어나는 중에, '황소의 병명은 치매'[18]라는 문구의 플

---

16 '경우회'가 이 서클의 전신이다.

17 문리대 '후문회' 등과 합쳐져 만들어졌다.

18 1963년 대선에서 박정희는 황소 로고에 밀짚모자를 쓰고 막걸리를 마시는 사진을 사용했고, 이후로도 황소 이미지를 자주 차용했는데, 이 때문에 당시 황소는 박정희

래카드를 들고 의사 가운을 입고 시위를 했으며, 예과생들은 문리대에 편재되어 있었기에 의대 차원은 아니었더라도 개별적으로 학생운동에 참여하고 있었다.[19]

그러나 다른 단위에 비해 의대의 학생운동 기반은 탄탄하지 못했다. 민중들의 분노의 함성이 끊임없이 터져 나오고, 사회 각계각층에서 대정부 비판의 칼날을 벼리는 상황에서도 서울대학교 의대는 사회 현실에 관심을 기울이는 분위기가 형성되지 못했다. 매년 진행된 무의촌 진료 활동 등도 농촌의 현실 파악이나 그 원인에는 무관심한 채 시혜의 관점이나 자기만족적 진료 활동으로 점철되었다.[20]

이런 서울대학교 의대에 변화의 조짐이 보인 것은 1970년 여름이었다. 1970년 여름방학을 앞둔 의대 예방의학 종강시간에 심상황 교수는 다음과 같은 강의를 하고 있었다. "의사는 대개 '소의', '중의', '대의'로 나눌 수 있다", "사회의학(Social Medicine)의 개념은 지역사회의학(Community Medicine)과 구별해 정의하며, 인간의 건강은 그 사회가 처한 역사적 현실에서 총체적으로 규정되어 있다."[21] 당 시대를 살아가는 시민으로서의 '정열', '정의감', 그리고 '의사로서의 사명감'을 고민하던 몇몇 의대생들에게 사회의학이란 개념은 비상구의 표시

정권을 상징했던 것으로 보인다.

19 사의연, 제작 연도 미상, 『사의연, 그 역사적 의의를 찾아서』(황승주가 소장하고 있던 것을 2014년 3월 다시 제본함), 7쪽.
20 사의연 멤버의 인터뷰(같은 책, 6쪽).
21 같은 책, 6쪽.

등처럼 다가왔다.[22]

그러나 이러한 문제의식이 존재했다고 해서 바로 조직이 탄생하는 것은 아니다. 결국 누군가가 깃발을 꽂고 사람들을 모을 수 있는 공간을 만들어야 했다. 사의연이라는 조직이 탄생하는 데 있어 이러한 역할을 맡은 것은 심재식이었다.[23]

심재식이 본격적으로 학생운동에 뛰어든 것은 1969년이었다. 1969년 6월 12일 서울대학교 법대생 500여 명이 헌정수호 성토대회를 개최한 이후, 1969년 12월까지 3선 개헌 반대를 내걸고 독재정권의 하야를 요구하며 격렬한 시위가 이어졌다.[24] 서울대학교 의대에서도 9월 8일 400여 명이 모여 '3선 개헌 반대 학생총회'를 개최했으며, 9월 10일에도 80여 명이 모여 '3선 개헌 반대 성토대회'를 개최했다.[25] 본과 1학년생이었던 심재식 또한 후배들과 함께 여름방학 기간에 열린 이 3선 개헌 반대 투쟁에 참여했다.[26]

여름방학 때 뭐 집에만 있긴 그래서 도서관에 있었지. 그러다 후배들이 뭐 좀 합시다! 이래서 간 거야. 그래서 가서 앉아 있었지. 근데 그걸 당시에 교무 차장인가 하는 분이 (내가 그나마 고학년이니까) 나보고

---

22 같은 책, 6쪽; 심재식 인터뷰(2014년 10월 30일) 참조.
23 심재식 인터뷰(2014년 10월 30일).
24 이재오, 『해방 후 한국 학생운동사』, 247쪽.
25 민주화운동기념사업회 연구소, 『한국민주화운동사 연표』(선인, 2006), 180~181쪽.
26 심재식 인터뷰(2014년 10월 30일).

해산시키래. 지금 내가 의대생인데 어떻게 문리대생을 해산시키냐고 그랬지(당시 예과생들은 문리대 소속이었다). 근데 그분이 누구라고 하면 알만한 분이야. 그분이 계속 (지켜보고) 있더라고. 근데 그것이 (빌미가 되어서) 집으로 연락이 딱 온 거야……. 주동한 것도 아니었는데……. 당시엔 무조건 앞에 서 있으면 전위, 가운데 서 있으면 핵심, 뒤에 서 있으면 배후 뭐 이런 식으로 몰아붙였는데 나한테도 그런 식으로 추궁하는 거야……. 그래서 징계를 받고 …… 그런데 (의대에서는 그런) 일이 없었으니까. 친구들은 그걸 소문으로 듣고 (유명세를 탄거지)…….[27]

사실 심재식은 사회문제에 민감할 수밖에 없는 조건을 갖추고 있었다. 그의 맏형인 심재택(작고, ≪말≫ 발행인 역임)은 4·19 혁명, 6·3 항쟁을 거쳐 동아자유언론수호투쟁위원회(동아투위) 건설을 주도한 인물이며,[28] 작은형 심재권은 1960년대 말 문우회와 함께 서울대학교

---

27 심재식 인터뷰(2014년 10월 30일).

28 심재택은 경기고등학교, 서울대학교 법대를 졸업하고 사회인이 된 후 ≪동아일보≫에서만 세 번 해직되는 등 언론자유화 운동에 헌신했다. 특히 1971년 4월 15일 전국 최초로 언론자유수호운동을 전개하던 중 중앙정보부에 연행되어 고문을 받고 같은 해 12월 강제 해직되는 등 암울한 시절, 민주 언론의 초석을 다지는 데 주도적 역할을 담당했다. 1973년 ≪동아일보≫ 복직 이후에도 노조 결성을 추진하다 다시 해고되었고, 1974년에는 '자유언론실천선언'을 주도하는 등 언론민주화운동을 벌였다. 심재택은 해직 후 민주언론운동협의회 창립에 적극 참여했으며 사월혁명연구소장, ≪말≫ 발행인, ≪미디어오늘≫ 사장 등을 역임했다(≪미디어오늘≫, 1999년 6월 3일 자 참조). 심재식은 큰형인 심재택의 4·19 혁명 참여 등을 보며 많은 영향을 받았

이념 서클의 양대 산맥인 후진국사회연구회(후사연)를 만들고, 전국 12개 대학을 규합해 민주수호전국청년학생연맹(초대위원장 심재권, 이하 전학련)을 조직해낸 인물이다. 심재식은 형들로부터 적지 않은 영향을 받았다. 특히 1969~1970년은 작은형 심재권은 서울대학교 학생운동의 선봉에 서 있는 상황이었다.[29]

1970년에 들어서며 심재식은 의대 내에서 할 수 있는 일을 모색하기 시작했다. 우선 여름방학 동안 의대에서 전통적으로 진행되어온 무의촌 진료 활동에 결합해 새롭게 꾸릴 조직에 함께할 만한 사람들을 물색했다. 그리고 이를 함께할 만한 사람들을 끌어모았다.[30]

심재식과 함께 사의연 창립을 주도한 인물로는 양요환(66학번),[31] 이필한(67학번), 서유헌(67학번), 신영태(67학번), 양길승(1967년 수학과 입학, 1969년 의학과 재입학), 이진현(68학번), 고원순(68학번), 김기락(68학번)[32] 등이 있었다. 당시 주요 멤버들의 관계를 보면 이필한(67

다고 한다〔심재식 인터뷰(2015년 2월 7일)〕.

29 신동호, "긴조 9호 세대 비사: 갈현동 모임 6인방", 《뉴스메이커》, 554호(2003. 12.25).

30 심재식 인터뷰(2014년 10월 30일)

31 양요환은 예과 시절 학생운동에 관여하지는 않았으나 의학도로서의 사회적 역할에 대한 고민이 깊어 휴학했다. 복학 후 그는 '구라회'를 조직했다. 본과 1학년 때인 1969년 박재형(66학번), 이진헌, 심재식 등과 함께 만든 이 모임에서 독서 토론을 하며 사회문제에 대한 고민을 심화시켜 나갔다〔양요환 인터뷰(2014년 9월 30일)〕.

32 김기락은 1년을 유급해 1971년 본과 1학년에 올라갔다. 그래서 69학번들과 어울려 일을 하게 되었는데 당시 사의연 활동 외에 연극 연출에 지대한 관심을 가지고 있었다(사의연, 『사의연, 그 역사적 의의를 찾아서』, 7쪽).

학번), 신영태(67학번), 양길승(수학과 67학번, 의대 69학번)이 서울사대
부고 동창이고[33] 심재식(67학번), 고한석(69학번)이 경기고 선후배 관
계, 김기락(68학번), 고원순(68학번)이 서울고 동창 관계였다. 이후 고
한석을 중심으로 사의연 조직이 확대된다. 고한석이 이진수(68학번),[34]
황승주(69학번)를 사의연으로 가입시켰으며, 다시 이진수가 김주이(68
학번)를 사의연으로 들어오게 했다. 이후 안용태(69학번)와 이근후까
지 결합하며 사의연의 초창기 주요 구성원이 갖추어졌다.[35]

4. 사의연 창립

1970년 2학기를 시작하며 뜻이 통하던 몇몇이 조직과 활동에 대한
본격적인 논의를 시작했다. "의사들도 사회의 일원으로 사회문제를
같이 풀어가야 하는데 의대생들이 너무 무심하게 산다"는 점이 모두
가 공유하는 주된 문제의식이었다.[36]
우선 의과대학 분위기를 바꿔야 한다는 데 뜻을 모았다. 구체적으

---

33 신영태, 양길승, 이필한 등은 서울고 동창이기도 했지만 함께 '서울대 홍사단 아카데
미'에서 활동했다(같은 책, 7쪽).

34 이진수가 고한석을 기독교 동아리 UVF로 데려가려 했으나 고한석이 그를 사의연으
로 데려왔다[고한석 인터뷰(2014년 9월 25일)].

35 사의연, 『사의연, 그 역사적 의의를 찾아서』, 7쪽.

36 같은 책, 8쪽.

로 학교 축제에서 진행되는 포크댄스를 없애고 남사당패를 부른다거나, 무의촌 진료 후에 바닷가에 놀러가는 비치스타일(beach style)이 아닌 세미나를 진행하고, 주민과 함께하는 프로그램을 만들어야 한다는 등의 의견들이 쏟아졌다. 이런 논의를 진행하며 이들은 점차 결속을 다져나갔다.[37]

하지만 학내 분위기를 바꾸기 위해선 이러한 고민을 함께할 사람들을 더 모아낼 필요가 있었다. 이를 위해 핵심 멤버들은 회원 선정의 원칙을 정하고 주변 사람들에게 제안을 해나갔다.

회원 선정의 원칙[38]
성실하고 바른 자세와 이기적이지 않아야 한다.
정의감이 있고 봉사할 수 있는 사람이어야 한다.
학생운동이나 사회문제에 관심이 있는 사람도 괜찮다.

회원 선정의 원칙은 시대적 조건 때문이었는지 다분히 추상적으로만 표현하며, 사회에 대한 문제의식은 숨기고 있다. 실제로 회원 제안을 하는 데도 까다로운 조건을 달지 않았다. 큰 틀에서 사회의학적인 개념을 이해하고 그에 대한 활동을 함께할 생각만 있다면 누구에게나

---

37 양요환 인터뷰(2014년 9월 30일), 심재식 인터뷰(2014년 10월 30일) 참조.
38 당시 본과 2학년들은 "서울대의 울타리를 넘자"며 연세대 의대, 고려대 의대, 가톨릭 의대 등에서 뜻을 같이할만한 사람을 찾았으나 성공하지 못했다(사의연, 『사의연, 그 역사적 의의를 찾아서』, 7쪽).

열려 있었다. 학제상 예과와 본과 구분이 엄격했지만 학년 제한 없이 예과생도 회원으로 받기로 했다.[39]

이 때문에 처음엔 성적이 좋고, 소위 '모범생'으로 평가를 받던 학생들이 관심을 보이며 접근해왔다. 그러나 엘리트의식이 강한 학생들은 핵심 멤버들의 정치적 의식과 감각을 따라오지 못하고 빨리 떨어져 나갔다. 시위 등에 대한 법적 제제가 심했던 당시의 상황상 자연스러운 것이기도 했다. 또한 관심을 가지고 들어왔던 본과 3·4학년이 '사회의학' 개념에 동의하지 않고 선을 그으면서 본과 2학년이 주축이 되었다.[40]

당시 대학, 특히 의대 분위기에서 아무리 사회 속에서 의사로서의 역할을 고민하는 수준이라 하더라도 사회과학적 내용을 포함한 이상 이 모임이 공식 절차를 밟는 데에는 여러 난관이 존재했다. 특히 당시 정식 서클로 등록하기 위해서는 반드시 지도교수를 두어야 했는데, 마땅한 교수를 찾는 것은 쉬운 일이 아니었다. 결국 정식 등록 문제는 미루고 창립을 먼저 선언하기로 결정했다.[41]

사의연의 공식 창립은 1970년 9월 14일에 이루어졌다. 본과 2학년 20여 명, 1학년 10여 명 등이 본과 2학년 강의실에서 창립대회를 가졌다. 초대 회장은 창립에 가장 중추적인 역할을 한 심재식이 맡았으

---

39 같은 책, 8쪽.
40 같은 책, 8쪽.
41 이 문제로 며칠씩 토론을 벌였는데, 심재식이 등록하면 그만큼 활동 공간이 넓어진 다는 이유로 등록을 강력히 주장했다(같은 책, 8쪽).

며, 부회장은 고원순이 맡았다.[42]

그리고 창립식에서 창립선언문을 발표했다.

창립선언문[43]

침울한 가슴을 누르고 우리는 이제 새로운 시도를 하려 한다. 의학의 원래 사명은 인류를 질병과 고통에서 구하는 것이며 이는 의사의 학자적 양심과 전인적 인격으로 뒷받침되는 것으로 알고 있던 우리는 그렇지 못한 현실에 놀라움을 금치 못한다. …… 자조하며 방관할 수만은 없지 않은가. …… 건강을 해치는 근로조건하에서 생산을 담당해야 하는 근로자들, 불건강의 상태 그대로 살아가야 하는 많은 농민들, 증가하는 공해의 위협 속에 있는 도시민들 …… 우리는 이러한 사람들이 바로 우리의 구체적 노력이 기울여져야 할 대상으로 파악한다. …… 우리가 부딪히는 문제에 대한 이해와 그 원인에 대한 분석과 대책 수립, 연구와 실천이 우리의 현실적 노력이 될 것이다. …… 이러한 우리의 노력은 많은 동료, 후학들의 지지 성원 속에서 끊임없이 계승 발전해나갈 것이다.

이 선언문에는 사의연이 시대적 고민을 보건의료운동으로 연결시

---

42 같은 책, 8쪽.

43 이 창립선언문은 아쉽게도 전문이 남아 있지 않으며, 여기에 실린 것은 멤버 몇몇의 기억에 의존해 기록한 것이다.

키고자 한 노력이 잘 드러난다. 발전이라는 미명하에 억압받고 착취당하는 노동자들과 농민들, 그리고 도시 빈민에 대해 의학적인 측면에서뿐만 아니라 사회적 측면에서도 불건강함을 인지하고 이를 개선하기 위해 노력해야 한다는 의학도로서의 사명을 천명하고 있는 것이다. 다소 추상적이었으며 사회에 대한 문제의식을 애써 감추었던 '회원 선정의 원칙'보다 훨씬 진일보한 것이었다. 창립을 준비하면서 회원이 들고 나며 다소 혼란스러운 과정을 거쳤지만 그 과정에서 사의연의 정체성이 더 명확해졌음을 알 수 있다.

사의연의 창립은 적지 않은 역사적 의미를 지닌다. 해방 이후 4·19 혁명, 6·3 항쟁 등 많은 사회운동에서 의학도들이 참여해왔다. 하지만 어디까지나 단발적이고 일회적인 형태의 참여였다. 의대 학생운동이 진일보하기 위해선 의대 내에 사회문제를 환기시키고, 그들을 사회참여로 이끌어낼 수 있는 조직이 필요했다. 아울러 이러한 조직이 지속되고 영향력을 확대하기 위해선 보건의료적 시각으로 구체화시킬 필요가 있었다. 비록 특정 학교의 서클에 지나지 않았지만 사의연의 창립은 분명 이러한 시대적 과제를 담아낸, 대한민국 정부 수립 이후 최초의 보건의료운동 조직의 탄생이라고 볼 수 있다.

3

1970년대 전반 사회 상황과 사의연의 활동

1. 1970년의 사회 상황과 사의연의 활동

1) 성공적인 첫 데뷔: 의대 함춘축전에서 함춘 심포지엄 개최

사의연이 창립을 선언하고 학내 활동의 첫 무대로 삼은 것은 의대 축제였던 함춘축전이었다. 매년 정기적으로 열리는 이러한 단과대학 별 축제는 1960년 4·19 혁명 이후 각 단과대학별로 학생회가 조직되면서 시작된 것이었다.[1] 사의연은 이 함춘축전에서 서울대 의대 사상

---

[1] 서울대학교 의과대학의 함춘축전 역시 4·19 혁명 이후 1964년부터 시작해 1974년까지 여섯 번 개최되었다〔서울대학교 60년사 편찬위원회, 『서울대학교 60년사』(서울대학교, 2006), 747쪽〕.

그림 3-1 **1970년 가을에 열린 함춘 심포지엄**
자료: 1971년 제25회 서울대학교 의과대학 졸업 앨범(1971년 봄에 졸업하므로 1971년도 졸업 앨범에 실린 사진은 1970년에 열린 행사 사진이다).

처음으로 학생 주도의 심포지엄을 기획했다. 이 심포지엄은 의대에서는 처음으로 사회의학적인 고민을 담은 장이기도 했다.

함춘 심포지엄은 공식적으로 사의연을 주최로 내세웠으며, 회장인 심재식의 사회로 진행되었다. 심포지엄의 연사로는 임상적인 내용이 아닌 사회의학적 내용을 전달할 수 있는 교수를 섭외했다. 그러나 무엇보다 학생들의 관심을 끌어내는 것이 관건이었다. 사의연은 의학과, 간호학과 강의실에 "의대생이여 잠을 깨라"와 같은 문구의 포스터

와 플래카드를 붙이는 등 대대적인 홍보를 벌였다.[2]

행사 당일 강당은 학생들로 가득 찼다. 이는 이과대와 문과대를 통틀어도 흔치 않은 파격적인 사건이었다. 연사로 나선 의대 학장 권이혁마저 "어떻게 의대생이 이런 일을 할 수 있었느냐"고 감탄할 정도였다. 사의연의 공식적 첫 활동이었음에도 불구하고 기대 이상의 큰 성공이었다. 그리고 교수들과 학생들에게 사의연이라는 이름을 확실히 각인시킨 사건이었다.[3]

2) 사회의학으로 첫발을 내딛다: 공해 문제에 대한 필드서베이(Field Survey)

1970년 겨울방학에 사의연은 좀 더 실천적인 작업에 착수했다. 공해가 인체에 미치는 영향에 대한 조사 사업을 진행한 것이다. 1970년 겨울은 전태일 열사가 한국 노동자들의 열악한 노동조건을 자신의 몸을 태워 외친 역사적인 시점이었다. 이에 자극을 받은 사의연 멤버들은 본래 노동자들의 작업환경에 대해 조사하고자 했다. 전태일이 죽음으로 증명한 청계천 피복 노동자들의 열악한 환경을 직접 조사하고 싶었던 것이다. 하지만 조사를 위한 최소한의 기반이 필요했다. 의대 학생회에 이를 제안했으나 반응은 차가웠다.[4] 결국 본래의 기획과는

---

2 이러한 홍보 방법은 이진현의 제안에 따른 것으로 당시 의대에서 파격적인 것이었다 〔심재식 인터뷰(2014년 10월 30일)〕.

3 심재식 인터뷰(2014년 10월 30일).

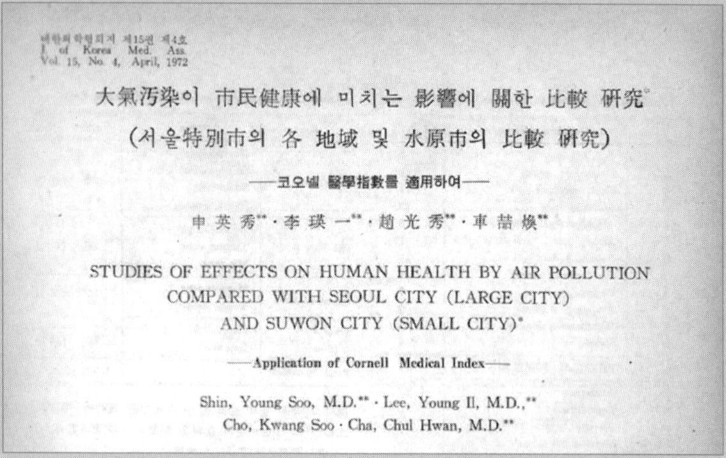

대한의학협회지 제15권 제4호
J of Korea Med. Ass.
Vol. 15, No. 4, April, 1972

大氣汚染이 市民健康에 미치는 影響에 關한 比較 硏究°

(서울特別市의 各 地域 및 水原市의 比較 硏究)

——코오넬 醫學指數를 適用하여——

申英秀**·李瑛一**·趙光秀**·車喆煥**

STUDIES OF EFFECTS ON HUMAN HEALTH BY AIR POLLUTION
COMPARED WITH SEOUL CITY (LARGE CITY)
AND SUWON CITY (SMALL CITY)*

——Application of Cornell Medical Index——

Shin, Young Soo, M.D.** · Lee, Young Il, M.D.,**
Cho, Kwang Soo · Cha, Chul Hwan, M.D.**

그림 3-2 사의연의 활동 성과가 담긴 논문

다소 차이가 있었지만 일단 예방의학교실(의료문제연구소) 신영수 교수의 프로젝트에 결합하여 환경 실태 조사에 대한 경험을 쌓기로 결정했다.[5] 또한 이를 통해 사의연의 공신력을 높인다면 정식 서클로 등록할 수 있으리란 기대도 있었다.[6]

이 조사 사업에는 사의연 멤버 중 심재식, 양요환, 신영태, 이필한, 김기락, 고원순 등이 참여했다. 조사 사업의 목적은 CMI(Cornell Me-

---

4 심재식 인터뷰(2014년 10월 30일).

5 심재식 인터뷰(2015년 2월 7일).

6 사의연, 제작 연도 미상, 『사의연, 그 역사적 의의를 찾아서』(황승주가 소장하고 있던 것을 2014년 3월 다시 제본함), 9쪽.

dical Index, 코넬 메디컬 인덱스)[7]에 기초해 공해가 인체에 미치는 영향을 조사하는 것이었다. 이 조사 사업은 목표 지역과 대조 지역을 설정해 진행되었다. 대조 지역으로는 당시 전원도시였던 수원이 선택되었고, 목표 지역으로는 당시 서울 영등포 공장지대, 무악재, 미아리 고개, 삼각지 로터리, 신설동 로터리, 남산 1호 터널(1970년 8월 15일 개통) 부근이 선정되었다.[8]

설문 조사라고 했지만 실제 작업은 결코 쉽지 않았다. 무작위로 대상자를 추출해 기본 데이터를 작성해야 했고, 한 가구씩 일일이 방문해 195개에 이르는 문항을 보통 30분 이상씩 인터뷰해야 했다. 먹고 살기 바쁜 당시 사람들에게 공해 문제는 먼 얘기일 수밖에 없었고, 추운 날씨 때문에 물리적으로도 여간 어려운 것이 아니었다.[9]

이 조사 사업은 1년 뒤인 1971년 겨울에도 지속되어 공장지대인 문래동과 양평동에서 이루어졌다. 1971년도 조사 사업에는 김기락, 양요환, 고한석 등이 참여했다.[10]

1970년과 1971년 사의연의 겨울을 바쳤던 이 조사 사업의 결과는 1972년 ≪대한의학협회지≫에 논문으로 실렸다.[11] 세계적으로 인정

---

7 사람의 자각 증상을 계통적으로 조사해 신체적·정신적 이상을 설문(인터뷰)를 통해 조기에 발견해내는 방법이다. 1949년 처음 코넬 대학교 연구진이 개발했다(코넬대학교 의과대학 도서관 참조(http://library.weill.cornell.edu/About/cornellmedindex.html).

8 사의연, 『사의연, 그 역사적 의의를 찾아서』, 9쪽.

9 같은 책, 9쪽.

10 같은 책, 11쪽.

받는 지표인 CMI를 환경 영향 평가에 거의 최초로 사용했고, 15세 이상 1072명을 대상으로 한 방대한 작업이었다. 이 논문은 한국에서 진행된 환경오염에 관한 선구적 연구로 평가받고 있다.[12]

비록 이 논문에 사의연 멤버들의 노력이 '추기(追記)'로밖에 표현되지 않았으나[13] 이 고된 작업을 통해 사의연은 나름대로 소기의 목적을 달성할 수 있었다. 함춘 심포지엄에 이어 사의연이 학내 정식 서클로 인정받을 수 있는 발판을 마련했으며, 사회에 대한 문제의식을 학교 울타리 밖에서 발산한 첫 시도였던 만큼 상당한 자긍심도 얻을 수 있었다. 또한 경비 지원도 없는 열악한 조건 속에서 이루어진 사의연 멤버들의 헌신적인 활동이 알려지며 사의연에 대한 학내 이미지도 긍정적으로 바뀌었다.[14]

---

11 申英秀 외, 「大氣汚染이 市民建康에 미치는 影響에 關한 比較硏究(서울特別市의 各 地域 및 水原市의 比較 硏究): 코오넬 醫學指數를 適用해 Application of Cornell Medical Index = STUDIES OF EFFECTS ON HUMAN HEALTH BY AIR POLLUTION COMPARED WITH SEOUL CITY (LARGE CITY) AND SUWON CITY (SMALL CITY)」, ≪대한의학협회지≫, Vol. 15, No. 5(1972), 71~82쪽.

12 조수헌, 「환경오염에 의한 건강피해: 우리나라의 실태와 문제점」, ≪예방의학회지≫, 28권 2호.(1995).

13 논문의 맨 마지막 「추기」에는 "본 조사에 수고 협력한 서울대학교 의과대학 학생 양요환 군, 서유헌 군, 심재식 군, 고원순 군 외 16명에 대해 심심한 사의를 표하는 바이다"라고 쓰여 있다(申英秀 외, 「大氣汚染이 市民建康에 미치는 影響에 關한 比較 硏究」, 81쪽).

14 사의연, 『사의연, 그 역사적 의의를 찾아서』, 9쪽.

2. 1971년의 사회 상황과 사의연의 활동

1) 교련 반대 운동과 4·27 부정선거 규탄 운동

1960년대 말 1970년대 초 박정희 정권의 장기 집권 행보에 가장 걸림돌이 되는 세력은 대학생들과 사회 지식인 그룹이었다.[15] 박정희 정권은 1971년 대통령 선거를 앞두고 집권의 걸림돌인 학생들을 근본적으로 통제하기 위해 대학의 교련 교육 강화 방침을 발표했다. 이는 일반 교육이라는 이름으로 1주일에 3시간씩 총 315시간, 7학점을 이수하도록 하고, 병영 집체 교육이라고 해서 총 396시간에 해당하는 별도의 교육을 재학생 모두가 의무적으로 수강하도록 하는 것이었다.[16]

이에 학생들은 '대학교련교육안'을 정권 안보를 위한 학원 민주주의 파괴 행위로 규정하고 반대 운동을 전개했다. 1971년 3월 2일 서울대학교 각 단과대학 학생회장단은 총학생회 이름으로 '학원 대(大) 민주화운동 지침'을 발표했고, 문리과대학, 법과대학, 상과대학 학생들은 교련 과목의 수강 신청을 거부했다. 이에 정부는 서울대학교에 현역 교관단을 파견해 교련 교육을 강행했고, 학생들은 수업 거부와 성토대회를 개최하며 계속 저항했다.[17]

---

15 이창언, 『박정희 시대 학생운동』, 88쪽.
16 서울대학교 60년사 편찬위원회, 『서울대학교 60년사』, 854쪽.

4월부터 교련 반대 운동은 점차 가두시위로 확대되어갔다. 4월 6일 서울대학교 상대생 1000여 명의 가두시위를 시작으로 7일 법과대학, 8일 문리과대학, 9일 사대생들이 시위를 벌였다. 교련 반대 운동이 격해지자 4월 13일 문리과대학과 법과대학을 시작으로 대부분의 단과대학이 휴교에 들어갔다. 휴교로 교련 교육이 잠시 중단되자 학생들은 1971년 4월 27일 치러질 대통령 선거로 초점을 확대했다. 4월 14일 서울대학교 등 전국 12개 대학의 학생 대표들은 전학련(위원장 심재권)을 결성하고 교련 철폐 운동과 공명선거 캠페인을 전개하기로 결정했다.[18] 이에 맞춰 서울대학교 의대생 100여 명도 흰 가운을 입고 학내 히포크라테스 동상 밑에 모여 교련 철폐와 정치 휴강 철폐 등을 요구하며 성토대회를 열었다.[19]

전학련은 4월 19일 고려대학교 학생식당에서 '공동시국선언문'을 발표하며 "우리 대학인은 사라져가는 대학의 자유를 되찾고, 4·27 대통령 선거가 타락해 부정선거로 점철되지 않게 국민의 정당한 권리로서 공명 민주 선거가 되도록 적극 참여해 모든 힘을 쏟겠다"고 천명했다. 이에 따라 교련 철폐 운동은 잠시 '냉각기'를 갖기로 하고, 공명선거 활동에 초점을 집중해 학생들이 선거 과정을 참관하고 이를 보고하도록 했다. 선거 후 공무원 선거 관여, 자금 살포 등 4·27 대통령 선

17 서울대학교 60년사 편찬위원회, 『서울대학교 60년사』, 855쪽.
18 이창언, 『박정희 시대 학생운동』, 96쪽.
19 민주화운동기념사업회 연구소, 『한국민주화운동사 연표』(선인, 2006), 208쪽.

거의 각종 부정이 밝혀지면서 시위는 '4·27 부정선거 규탄'과 '교련 철폐', '언론 자유', '공명선거' 등의 이슈로 확대되어갔다.[20]

5월부터 서울대학교 내에서는 부정선거 규탄 운동이 중점 이슈로 떠올랐다. 5월 11일 서울대학교 총학생회는 5월 25일로 예정된 국회의원 선거를 거부할 것을 야당에 요구했다. 17일에는 서울대학교 학생 27명이 야당 당사로 몰려가 농성을 벌이다 아홉 명이 경찰에 구속되는 사태까지 벌어졌다. 문리과대학, 법과대학 학생들은 구속 학생 석방을 요구하면서 단식투쟁과 가두시위를 벌였다. 시위가 점차 확산되며 걷잡을 수 없는 국면으로 치닫자 문교부는 5월 27일 서울대학교 문리과대학, 법과대학, 사범대학, 상과대학에 휴교령을 내렸다.[21] 이에 서울대학교 의대생 150여 명이 휴업령 철폐를 요구하며 연좌시위를 벌이기도 했다.[22]

2) 새로운 멤버들의 결합

1971년, 알음알음 인맥을 통해 느슨한 형태로 사의연과 연을 맺어오던 69학번 주축의 예과 2년생들이 본과로 올라오며 수혈이 이루어졌다. 특히 고한석과 양길승의 결합은 사의연이 조직을 확장하고 사

---

20 이창언, 『박정희 시대 학생운동』, 96~97쪽.
21 서울대학교 60년사 편찬위원회, 『서울대학교 60년사』, 855쪽.
22 민주화운동기념사업회 연구소, 『한국민주화운동사 연표』, 213쪽.

회의학적 고민을 심화시키는 중요한 계기가 되었다.

심재식의 경기고 2년 후배인 고한석은 의예과에 들어오자마자 문리대의 대표적 이념 서클인 문우회에 들어가 학생운동을 시작했다.[23] 그는 사의연에 들어오기 전 자체적으로 의예과 내에 독서 서클 '한별'을 만들었다. 이 독서 서클에는 황승주, 한상용, 계명수, 이수일 등이 참여했다. 이후 '한별'에 양길승이 들어오면서 '잔디회'로 바뀌었고 이때부터 좀 더 선명한 사회과학 학습을 진행했다. 당시 '잔디회'에서는 한완상 교수를 초청해 에리히 프롬(Erich Fromm)의 '삶이냐 소유냐', '소외란 무엇인가' 등의 강연을 열었고, 『역사란 무엇인가(What is history)』, 『들어라 양키들아(Listen, Yankee)』, 『재벌과 빈곤』[24] 등의 사회과학 서적으로 독서 토론을 진행했다.[25]

고한석 등은 1971년 이 '잔디회'를 해산하고 사의연에 결합시켰다. 이처럼 학생운동이나 사회과학 학습을 통해 의식화된 멤버들이 예과에서 본과로 올라와 활동에 결합하면서 사의연에 새로운 활력을 불어넣었다.[26]

---

23 고한석 인터뷰(2014년 9월 25일).

24 금성두, 『재벌과 빈곤: 한국자본주의의 메카니즘과 그 전개』(백경문화사, 1965).

25 고한석은 한겨레신문사에서 발간된 『내 인생의 책들』에서 당시에 대해 이렇게 회고했다. "의예과 2년 동안 일생을 통해 가장 책을 많이 읽은 것 같다. 의대 본과로 올라간 이후 주말과 방학을 이용해 판자촌과 농촌에 들어가 의료봉사활동을 통해 그들의 삶에 접해보고 괴로울 때는 윤동주의 시를 외며 지냈다"(고은 외, 『내 인생의 책들』 (한겨레신문사, 1995), 17~18쪽).

26 안용태도 '잔디회'에서 활동했으며 '잔디회' 해산 후 양길승과 고한석을 통해 사의연

3) 시혜적인 무의촌 진료 활동에서 사회의학적인 농활로

1971년 본과 1학년에 올라온 새로운 멤버와 기존 멤버가 의기투합해 의대 내에서 진행한 첫 사업은 농활(학생농민연대활동)이었다.[27]

심재식, 양요환, 고한석, 양길승 등 사의연의 주요 멤버들은 농촌문제에 지대한 관심을 가지고 있었다.[28] 이들은 특히 사회문제는 방관한 채 관성적으로 농촌에 내려가 진행하는 무의촌 진료에 대해 비판적이었다. 당시까지 진행되어온 자선과 시혜 차원의 무의촌 진료를 타파하고 농촌의 현실을 직접 보고 느끼며 그들의 문제를 함께 고민해보는 활동으로 전환하자는 것이었다. 이러한 문제의식을 바탕으로 사의연은 미리 팀을 짜고 '농어촌사회연구소'에 있던 고한석의 사촌형 고현석[29]에게 부탁해 강의를 듣는 등 자체적인 오리엔테이션

에 들어왔다. 또한 학내에서 각자 활동해오던 고한석, 이근후, 황승주, 김기홍, 박승주(기독학생회) 등이 청계산으로 MT를 가게 되었고, 이를 통해 이근후가 사의연과 인연을 맺게 되었다(사의연, 『사의연, 그 역사적 의의를 찾아서』, 7쪽).

27 의대에서 '무의촌 진료'가 농활이라는 개념으로 바뀐 것은 이때가 처음이었다(같은 책, 9쪽).

28 심재식, 고한석은 조영래 변호사와 함께 경기고등학교 농촌 연구반 활동을 했다[고한석 인터뷰(2014년 9월 25일)]. 양요환도 고등학교 1학년 때부터 농촌봉사활동을 했으며 그때 목격한 농촌의 현실이 의대 진학의 가장 결정적인 계기가 되었다[양요환 인터뷰(2014년 9월 30일)]. 양길승은 1967년 수학과에 입학해 휴학하고 농촌에 내려가 농민들과 함께 생활하며 그들에게 직접적인 도움이 되고자 의대에 진학했다("삶은 슈바이처, 철학과 사상은 체 게바라: 운동권 출신 녹색병원 양길승 원장 인터뷰", ≪오마이뉴스≫, 2007년 4월 26일 자).

29 서울대학교 법대 61학번인 고현석은 당시 주요 이념 서클이었던 농촌법학회에서

(orientation)을 진행했다.[30]

하지만 사의연 자체로 농활을 진행하는 것은 현실적인 여건상 역부족이었다. 학생회 차원의 농활에 결합하는 방식을 취할 수밖에 없었다. 사의연은 농활을 통해 최대한 사회의학적인 성과를 남기고자 자체적으로 농민들의 현실적인 문제를 파악하기 위한 설문 조사를 준비해 갔다. 그러나 학생회가, 사의연이 독자적으로 설문 조사를 진행할 수 없다며 제동을 걸었고, 아직 영향력이 충분치 않은 사의연으로서는 결국 조사 사업을 포기할 수밖에 없었다. 조사 사업은 좌절되었으나 농활 팀이 사실상 학생회 주도 팀과 사의연 주도 팀[31]으로 나뉨에 따라, 사의연이 주축이 된 팀에서는 기존의 시혜적인 접근을 타파하는 다양한 시도를 할 수 있었다.[32]

무의촌 진료 봉사활동은 전통적으로 3·4학년은 진료를 맡고, 1·2학년은 진료 보조를 하는 형태로 활동이 진행되어왔다. 이런 시혜적

활동했고, 1963년에는 서울대학교 향토개척단 단장을 역임했다. 졸업 이후에도 농어촌사회연구소에서 활동하는 등 영향력 있는 농촌운동가였다.(서울대 농촌법학회, 『서울대 농촌법학회 50년: 고난의 꽃봉오리가 되다』(민주화운동기념사업회, 2012) 참고).

30 이때 이근후 등은 소록도로 봉사활동을 갔는데 이곳은 병원도 있고 시설이 잘 되어 있을 뿐만 아니라 학생 신분으로서 일회적인 방법으로 할 수 있는 일이 없는 상황이었기에 그 이후로는 가지 않았다(사의연, 『사의연, 그 역사적 의의를 찾아서』, 10쪽).

31 이 농활에는 사의연에서 심재식, 양길승, 고한석, 김기락, 고원순, 이필한, 신영태, 양요환 등이 참여했고, 간호학과에서도 이금라 등 몇몇이 참가했다(같은 책, 10쪽).

32 심재식 인터뷰(2014년 10월 30일).

인 접근을 끝까지 거부하고자 했던 본과 1학년 사의연 멤버 양길승, 김기락 등은 진료 활동 대신 집집마다 '근로 봉사'를 다녔다.[33]

또한 당시까지 진료 봉사활동은 낮에 진료 활동을 하고 밤에는 술을 마시면서 포커(poker)를 치거나 술을 마시며 노는 분위기였다. 레지던트 선배들은 자랑삼아 비싼 술을 가지고 왔다. 사의연 멤버들은 이에 굴하지 않고 술을 마시지 못하게 평가회를 진행하거나 주민들을 대상으로 보건예방 교육을 했다.[34]

두 팀은 강릉에 모여 이틀 동안 농활을 갈무리하는 시간을 가졌는데 관행을 거스른 사의연 멤버들에 대한 선배들의 불만이 터져 나왔다. "너희들이 그렇게 한다고 대한민국의 의료가 좋아지겠느냐"며 냉소적인 질문을 던지기도 했다. 이에 사의연 멤버들은 한결같이 "희망을 갖고 하고 있다"며 뜻을 굽히지 않았다. 공식적인 활동이 끝난 만큼 사의연은 이 갈무리 자리에서 선배들이 보란 듯이 감춰두었던 끼를 마음껏 발산하며 놀았다. 이를 지켜보던 교수들은 "농활 기간에 술도 안 마시고 열심히 일과 토론만 하기에 술도 못 마시는 학생들인 줄 알았더니 오히려 남들보다 더 재미있게 논다"며 사의연 멤버들에 대한 부정적 인식을 거두었다.[35]

---

33 이때 김기락, 양길승 등은 설문지도 만들어 갔지만 비가 와서 껌껌하고 길이 험해 제대로 조사도 하지 못하고 고생이 심했다고 한다(사의연, 『사의연, 그 역사적 의의를 찾아서』, 10쪽).

34 같은 책, 10쪽.

35 심재식 인터뷰(2014년 10월 30일).

서울에 와서는 권이혁 학장과 이광호 학생과장 등이 참석한 가운데 평가회를 가졌다. 농활에서 다양한 시도를 했던 만큼 이 평가회에서 사의연 멤버들의 활동 보고는 단연 돋보였다. 평가회를 통해 사의연은 일 잘하고, 진지하고, 잘 노는 '괜찮은 서클'로 거듭났다.[36]

이렇듯 1970년 심포지엄과 공해 조사 사업, 1971년 여름 농활을 통해 사의연은 학내에서 인정받는 서클로 변모하고 있었다. 하지만 정식 서클이 되기 위해선 지도교수를 옹립해야 했다. 사의연에서 처음 제안을 건넨 사람은 예방의학 차철환 교수였다. 하지만 차 교수는 회원 명단을 보고 "전부 운동권의 문제 학생들이라 고민이 된다"며 결국 지도교수를 거부했다. 그런데 이 과정을 지켜본 이광호 학생과장이 "결국 가만두어도 활동할 것이니 차라리 내가 맡겠다"며 지도교수를 자청했다. 이런 우여곡절 끝에 사의연은 1971년 2학기부터 정식 서클로 등록할 수 있었다.[37]

4) 사의연 창립 1주년 기념 심포지엄

1971년 여름방학이 지나고 2학기가 시작되자 대학가에는 다시 교련 문제가 쟁점으로 떠올랐다. 수강 신청에 임한 학생들은 교련 수강

---

36 사의연 멤버들은 이 자리에서 이다음에 의사가 되었을 때 이때의 일을 기억하자고 다짐했다고 한다(사의연, 『사의연, 그 역사적 의의를 찾아서』, 10쪽).

37 같은 책, 10쪽.

신청을 거부하고 교련 철폐, 부정부패 규탄을 외쳤다.[38]

그러나 의대는 고립된 섬처럼 고요했다. 사의연은 심포지엄, 공해 조사 사업, 여름 농활을 거치면서 직간접적인 영향을 미쳤지만 의대의 분위기는 쉽게 바뀌지 않았다. 사의연은 다른 단과대학처럼 의대 내에서 사회문제를 함께 호흡할 수 있는 분위기로 만들고자 했다. 1971년 가을, 학교 축제를 맞아 사의연은 창립 1주년 기념 심포지엄을 열었다. 사회는 고한석이 맡았으며, 황민영[39]을 초청해 '한국 학생 운동의 방향과 전망'이란 주제로 강연을 열었다. 이때 심재식은 '일반 학생운동의 방향', '의과대학 학생운동의 방향', '전체적인 학생운동의 방향' 등에 관해 연설했다.

또한 〈구리 이순신〉이라는 연극을 공연했는데,[40] 〈구리 이순신〉은 1970년 김지하가 발표한 작품으로 문리대 연극회에서 김지하가 직접 첫 연출한 지 몇 달 지나지 않은 작품이었다.[41] 박정희는 1960~1970년대를 임진왜란 때와 흡사한 시기로 상정하고 이러한 위기를 능히 극복해낼 수 있는 인물로 이순신을 내세웠다. 그리고 민중에게 멸사봉공(滅私奉公)의 충무공 정신을 강조하며 국가를 위해 개인의 희생이

---

38 서울대학교 60년사 편찬위원회, 『서울대학교 60년사』, 855쪽.

39 1960년대 대표적인 농촌운동가로서 노동·인권·시민운동과도 폭넓은 인연을 맺고 있었으며 1969~1976년까지 '한국농업근대화연구회'를 이끌며 김서정, 양정규, 이우재, 임동규 등과 함께 활동했다(이상길, "황민영 위원장, 그는 누구인가", ≪한국농어민신문≫, 2005년 2월 28일 자).

40 사의연, 『사의연, 그 역사적 의의를 찾아서』, 10쪽.

41 홍세화, 『나는 빠리의 택시운전사(개정판)』(창작과비평사, 2009), 289쪽.

필요하다는 인식을 주입하고 있었다. 즉, 폭압적인 유신정권을 정당화하기 위해 이순신을 이용했는데, 김지하는 바로 이러한 정권의 작업을 구리에 갇힌 이순신으로 풍자한 것이었다.[42]

이 〈구리 이순신〉 공연은 김기락의 연출로 도서관 앞에서 불을 피워 야외 공연으로 진행되었다. 배역 선정은, 시인에는 양길승, 동상은 김영선, 주인공인 엿장수 주정뱅이 역은 김기락이 맡았다.[43] 이 연극은 많은 웃음을 자아내며 축제 분위기를 한층 돋우었다. 고무된 분위기를 이어 연극이 끝난 후에는 횃불을 들고 막걸리 파티를 진행했다. 이 사의연 1주년 심포지엄은 간호학과[44]는 물론 문리대와 상대 그리고 타교인 고려대학교 등에서도 참여해 성공적으로 치러졌다.[45]

5) 극심해지는 학생운동 탄압, 위수령

1971년 9월 사의연 1주년 기념행사가 끝나기 무섭게 대학가는 다시 술렁이기 시작했다. 학생들은 교련 수강 신청을 거부하고 교련 철폐, 부정부패 규탄을 외쳤으며, 몇 차례의 성토대회는 가두시위로까

---

42 이진이, 『이순신을 찾아 떠나는 여행』(책과함께, 2005) 참고.

43 신천연합병원 25주년 기념 영상 중 '사의연 선배들과의 만남'(2011년 4월 17일).

44 1971년 여름 농활 이후 김화순(이후 황승주와 결혼) 등이 결합한다. 이 때문에 창립 선언문을 고치려고 했다. 간호학과를 사의연에 포함하기 위해 총칙에서 '의사'라는 문구를 '의료인'으로 고치려 했으나 유신으로 치달으며 정관을 고치지 못했다.

45 학생운동 문화가 강한 법대, 문리대 학생들이 의대에서도 이런 행사를 한다며 놀라워했다고 한다[심재식 인터뷰(2014년 10월 30일)].

지 이어지고 있었다.[46]

그러던 중 10월 5일 새벽, 학생들의 시위에 불만을 품은 수경사 헌병대 소속 군인 22명이 고려대학교에 난입해 도서관에서 농성 중이던 고려대생들을 무차별 구타하고 연행하는 사건이 벌어졌다. 이는 전체 학생운동에 기름을 부었다. 10월 8일 서울대학교 총학생회는 '정보 정치 종결과 부패 특권층의 처단'을 위한 성명서를 발표하고 중앙정보부 폐지, 군의 정치적 중립 등을 요구했다. 13일에는 전국 14개 대학교 학생회장단이 서울대학교 문리대에 모여 고려대학교 군 난입 규탄, 부정부패 원흉 처단 등을 요구하는 공동 성명을 발표했다.[47]

그러나 박정희 정권은 유신을 1년 앞둔 시점에서 학생운동을 진압하기로 작심한 듯 10월 14일 전국적 학생운동 연대 조직으로 출범할 예정이었던 전국학생연맹 대의원대회를 급습해 핵심 인물들을 한꺼번에 연행했다.[48] 이어 15일에는 서울 지역에 위수령을 발동해 군 병력을 서울대학교 등 7개 대학에 투입하고, 8개 대학에 무기한 휴교령

---

46 서울대학교 60년사 편찬위원회, 『서울대학교 60년사』, 855쪽.

47 같은 책, 856쪽.

48 서울대학교 심재권을 중심으로 한 민주수호전국청년학생연맹 그룹은 박 정권의 학원 병영화 음모에 쐐기를 박기 위해 아예 교련 철폐 투쟁을 벌여야 한다는 입장이었다. 반면 연세대 윤재걸(≪주간현대≫ 편집국장)이 주도하는 범대학민권쟁취청년단 등 일부 세력은 학생들의 광범위한 참여가 어려운 교련 철폐보다 교련 강화 반대에 무게를 두고 있었다. 이 두 조직을 발전적으로 해체하고 통합한 것이 바로 전국대학생연맹(전학련)이었다('전국대학생연맹'과 '민주수호전국청년학생연맹'은 다른 조직으로 판단되지만 둘 다 약자로 전학련이라고 불린 듯하다)〔신동호, "긴조 9호 세대비사: 긴조9호 세대의 일선 지휘부", ≪뉴스메이커≫, 555호(2004.1.1)〕.

을 내렸다. 1965년 8월 대학가의 한일협정 비준 무효화 투쟁 때 발동된 이후 6년 만의 위수령이었다. 당시 이 위수령으로 연행된 학생만 1899명에 달했고 이중 119명이 구속되었다. 전국 23개 대학에서 주동 학생 177명이 제적당하는 동시에 강제 입영되었다. 이어 전국 대학의 이념 서클 74개가 해체되었으며 미등록 간행물 14종이 폐간되었다.[49]

1971년 가을 태풍처럼 몰아친 박정희 정권의 무자비한 탄압으로 학생운동 진영은 큰 타격을 입었다. 특히 서울대학교 학생운동의 타격은 컸다. 서울대학교 당국은 문리대생 17명과 대학원생 3명을 포함한 59명을 학원 질서 문란을 이유로 제적하고 이들 대부분을 강제로 입영시켰다. 또한 문우회, 후진사회연구회, 낙산사회과학연구회, 사회법학회, 사회과학연구회를 비롯한 비중 있는 이념 서클들을 해체하고 《의단》, 《전야》, 《자유의 종》, 《터》, 《화산》, 《새벽》, 《횃불》, 《향토개척》 등 사상적 기둥이 되었던 간행물들을 대거 폐간시켰다. 휴업령은 10월 30일 해제되었지만 1971년 3월부터 시작한 교련 반대 운동은 사실상 막을 내렸고 학생운동은 또다시 침체기에 들어갔다.[50]

---

49   송기인 외, 『부산민주운동사』(부산광역시 시사편찬위원회, 1998), 268~269쪽.
50   서울대학교 60년사 편찬위원회, 『서울대학교 60년사』, 856쪽.

6) 1971년 10월 15일 위수령과 사의연

위수령이 내려진 1971년 10월 15일은 마침 서울대학교의 개교기념일이었다. 이 때문에 탄압 소식이 빠르게 전달되지 못했고, 미처 몸을 피하지 못한 많은 학생들이 잡혀갔다. 여기에는 사의연 창립을 주도했던 심재식도 포함되어 있었다. 그의 형 심재권이 당시 학생운동의 핵심 주동자로 지목되었던 것('서울대생 내란예비음모사건'으로 불림)과 맞물려 '남산'으로 불리던 중앙정보부 수사실까지 끌려가는 고초를 겪어야 했다.[51]

이로 인해 심재식은 3개월간 학교 수업을 듣지 못했다. 다행히 방학 동안 실습학점을 메워 겨우 유급은 면할 수 있었다. 하지만 사의연에 대한 학내 인식은 차갑게 변하고 있었다. 위수령을 계기로 학생과장마저 사의연의 지도교수 자리를 거부했다. 강제해산을 당한 서울대학교 이념 서클 명단에 속하지는 않았으나 지도교수가 없는 이상 정식 서클 지위를 유지할 수 없었다. 결국 한 학기도 가지 못하고 사의연은 불법 언더 서클이 되었다.[52]

위수령은 사의연에게 혹독한 시련이었지만 자신의 정체성을 보다선명히 하고 시대적 과제를 깨닫는 계기이기도 했다. 특히 그전까지

---

51 그가 중앙정보부 수사실에 갔을 때 사의연에 대한 상당한 자료를 이미 확보한 상태였다고 하며, 심각한 고문은 없었으나 잠을 재우지 않고 심문했다고 한다〔심재식 인터뷰(2015년 2월 7일)〕.

52 심재식 인터뷰(2015년 2월 7일).

그림 3-3 **위수령으로 군인에 의해 통제된 서울대학교**
자료: 민주화운동기념사업회(http://www.kdemo.or.kr/photos/104/00742848) 제공; ≪경향신문≫ 원작.

특별한 사회의식 없이 학구적이기만 했던 멤버, 황승주에게 위수령이
가져다준 충격은 컸다.

예과 때는 인생관을 세우기 위한 철학 공부를 좀 해야 되겠다, 그래서
이런저런 책들을 읽고 하면서, 책 읽는 서클을 만들어 고환석, 양길승
선생, 이런 사람들하고 같이 어울리면서 토론도 하고 그렇게 지냈어
요. 다른 데는 별로 관심이 없었고, 내 인생관을 세우고 왜 살아야 되
나, 뭘 하고 살아야 되나, 죽을 때 후회 없이 죽으려면 어떻게 살아야
되나, 이런 걸 가지고 고민을 많이 했어요. 주로 철학책을 많이 봤지.

공부를 해봤더니 보편타당한 결론은 철학에서도 없었어요. 인간이 왜 살고, 어떻게 살아야 된다는 결론은 철학에도 없다는 (생각에 이르니까) 결국 나의 태어난 나라에서 자기실현을 하면서 살아야 되겠다. 이런 중간 결론을 내렸지요. 그럼, 난 뭘 해야 될까? 교수가 돼야 되겠다. 공부를 열심히 해서 의학 발전에 기여하고 그렇게 하면 나로서는 그게 제일 맞는 일이겠다. 그렇게 결론을 내려서 본과 가서 열심히 공부하려고 해부학 공부도 한 3~4개월 전부터 하고 본과 공부를 미리 많이 했어요.

공부만 몰두하기로 했으니, 본과 들어가서 시험공부하고, (게다가) 본과 1학년은 정신없잖아. 열심히 공부하며 본과 1학년을 지냈죠. 1학년을 거의 마쳐갈 때쯤인가 1971년도 10월, 이때 휴교령(위수령)이 난거야. 그때 충격을 많이 받았어요. 그때 나는 공부만 생각했던 사람인데, 기관총이 놓이고, 도서관에도 못 가게 되고, 어, 그러니까 이게 굉장히 충격이 되더라고. 우리나라가 왜 이렇게 돼야 되냐. 그렇게 충격을 받고, 그러고서 인제 도대체 이 사회가 어떻기 때문에 이러냐? 이런 것들에 관심을 가지게 되고, 나는 뭐 사회, 경제, 역사 이런 데에 관심이 없었는데 그런 데에 조금씩 눈을 떴죠. 그랬더니 이게, 충격이 많이 되더라고. 야, 이 사회가 엉망이구나. 그대로 돼서는 양심적으로 보이는 대로 살 수가 없겠구나. 이런 걸 그냥 놔두고 공부만 한다는 것이 과연 지성인으로서 바른 일일까 고민이 굉장히 되는 거야. 야, 산다는 것이 내가 공부만 하는 걸로 되는 게 아니구나……. 그렇게 고민하다가 2학년부터는 이제 사의연 활동을 (본격적으로) 하게 된 거죠.[53]

이처럼 위수령은 사의연이 불법화되는 시련이기도 했지만 황승주를 비롯한 몇몇 사의연 멤버들이 투사로 거듭나는 계기이기도 했다. 이는 사의연이 의대 내에서 의대생들의 변화를 이끌어내고자 했던 내향적 실천에서 사회와 직접적이고 적극적으로 호흡하는 외향적 실천으로 나아가는 질적인 도약이었다.

7) 丗 대학 유인물 사건과 서울대생 내란예비음모사건

위수령 이후 몇몇 사의연 멤버들은 과감한 행동을 기획했다. 양길승을 주축으로 안용태, 황승주 등은 박정희 정권을 규탄하고 대학생들의 사회적 실천을 촉구하는 내용의 유인물을 제작한 것이다. 그러나 당시 군경이 경계를 삼엄하게 펼치고 있었던 터라 유인물 내용을 작성한다 해도 이를 찍어내고 배포하는 것은 쉽지 않았다. 고심 끝에 안용태가 자신이 다니던 교회를 통해 인쇄를 해왔다. 이들은 삼엄한 경비를 틈타 서울대학교 곳곳에 유인물을 쌓아두었다. 의대에는 황승주가 직접 유인물을 뿌렸다. 이는 '丗 대학 유인물 사건'으로 불렸고, 주동자로 지목된 양길승에게 수배령이 떨어졌다.[54]

결국 양길승은 체포되어 경찰에 연행되었다. 이후 양길승은 중앙정보부로 넘겨지게 되는데, 그곳에서 그는 황당하게도 '丗 대학 유인

---

53 황승주 인터뷰(2014년 9월 26일).

54 사의연, 『사의연, 그 역사적 의의를 찾아서』, 11쪽.

물' 사건이 아닌 화염병 제조 혐의로 심문을 받았다. 이는 11월에 터진 서울대생 내란예비음모사건 조사 중 참고 증언에 양길승이 "몰로토프 칵테일(Molotov Cocktai, 화염병)"을 던지는 걸 보았다는 내용 때문이었다.[55]

사의연 멤버 중 심재식에 이어 양길승까지 얽히게 된 이른바 서울대생 내란예비음모사건은 위수령 이후 서울대 학생운동을 뿌리 뽑기 위해 꾸며진 사건이었다. 이를 위해 1971년 11월 12일 박정희 정부가 전학련 위원장 심재권(서울대 상대), ≪자유의 종≫ 발행인인 서울대 법대의 이신범과 장기표(서울대 법대), 그리고 사법고시에 합격해 사법연수원생이었던 조영래 등 네 명을 국가보안법 제1조(반국가단체 구성) 위반과 형법상의 내란예비음모 혐의로 구속했다.[56] 이 사건은 처음 검찰이 대단한 사건인 것처럼 취급했지만 최종적으로는 내란예비음모에 전혀 맞지 않은 가벼운 처벌을 내린 것에서도 입증되듯이 철저히 학생운동 탄압을 위해 꾸며진 것이었다.[57]

박정희 정권은 1965년 인혁당 사건과 위수령으로 6·3 항쟁을 틀어

55 같은 책, 11쪽.

56 한국기독교교회협의회 인권위원회, 『1970년대 민주화운동 I』(1987), 201~203쪽.

57 반국가단체 구성 예비음모 부분만 무죄 판시한 채 기타의 부분은 유죄를 인정, 형법상의 내란 예비음모, 폭발물 사용 예비음모 및 병역법(이신범) 등을 적용해 이신범, 장기표 피고인에게 각각 징역 4년을, 조영래, 심재권에게 각각 징역 3년을 선고했다. 이후 9월 11일 항소심에서 재판부는 형량을 낮추어 장기표, 심재권에게는 징역 1년 6월에 집행유예 3년을, 이신범에게는 징역 2년, 조영래에게는 징역 1년 6월을 각각 선고했다(같은 책, 201~203쪽).

막을 때와 마찬가지로 서울대생 내란예비음모사건을 통해 이미 초토
화된 학원가에 마지막 쐐기를 박고 12월 6일 국가비상사태를 선포했
다. 그리고 20일 뒤인 12월 26일 대통령에게 더욱 강력한 권한을 부
여하는 국가보위특별법을 날치기 통과시킴으로써 본격적인 1인 독재
의 길로 들어섰다.[58]

3. 1972년의 사회 상황과 사의연의 활동

1971년 10월 15일 위수령을 시작으로 1972년 10월 유신까지 이어
진 박정희 정권의 강력한 사회통제는 학생운동 방식을 크게 변화시켰
다. 위수령 이전까지 운동의 중심은 각종 서클과 학회였다. 그러나 위
수령 발동 이후 학생운동의 중심에 서 있던 상당수의 서클과 학회가
해산되고 핵심 학생운동가들이 체포됨에 따라 더 이상 이전의 방식으
로 운동을 전개하기는 어려운 상황이 되었다. 남아 있는 학생운동 세
력은 내부 학습과 수련회 등을 통해 내적 역량을 축적하는 방식을 택
했다.[59]

---

58 민주화운동기념사업회 오픈아카이브, '서울대생내란예비음모사건'(http://db.kdemocracy.
    or.kr/Collection?cls=999&yy=1970&evtNo=10000114).
59 이창언, 『박정희 시대 학생운동』, 122쪽.

1) 비공개 세미나를 통한 사상 교육

사의연 역시 마찬가지였다. 불법 서클이 된 이상 공개적인 활동을 하기가 여의치 않았던 사의연은 비공개 세미나를 통해 사상을 다졌다. 1972년 2월부터 매달 1회 MT라는 명목 아래 장흥 민가, 불암산 산장 등에서 세미나를 진행했다. 처음에는 주요 주제가 '한국의 역사', '한국의 경제' 등이었으나 이후 점차 심화되어 '일제하의 항일운동', '한국 근대화 문제', '한국 민중운동사' 등에 대해 학습했다.[60]

이 세미나는 1972년 초부터 1973년 말까지 거의 2년간 진행되었는데 고한석, 황승주 등 본과 2학년이 중심이 되어 모임을 진행했다. 본과 1학년 중에는 김삼용, 박양희[61] 등이 참가했고, 본과 3학년에서는 김주이, 이진수, 고원순 등이 참여했다. 양길승, 양요환 등도 한두 번씩 참석해 교재에 대한 자문을 하거나 세미나를 지도했다.[62]

2) 사의연 민중 속으로 들어가다: 1972년 여름방학 송정동 빈민촌 실태 조사

1972년 7월까지 1차 세미나를 진행한 사의연 멤버들은 여름방학을

---

60 황승주 인터뷰(2014년 9월 26일).
61 박양희는 사의연에 대한 이야기를 김삼용으로부터 듣고 장흥, 불암산 MT 때부터 결합했다고 한다(사의연, 『사의연, 그 역사적 의의를 찾아서』, 11쪽).
62 같은 책, 11쪽.

맞아 새로운 활동을 모색했다. 1970년, 1971년 겨울 예방의학 교수들과 연계해 실태 조사 사업의 경험을 쌓았던 사의연 멤버들은 독자적으로 자신들의 정체성을 투영한 사업을 기획했다. 이 기획은 당시 송정동 판자촌에서 빈민운동을 하던 활빈교회 김진홍 전도사를 만나며 급물살을 탔다.[63]

'수도권 도시선교 위원회'는 1970년대 도시 빈민을 조직화하고자 한 최초의 집단적 노력을 펼친 조직으로 1971년 9월 1일 아홉 명의 위원이 모여 위원장 박형규 목사를 중심으로 결성되었다. 이후 빈민들과 영세 상인들을 조직화하기 위해 활동을 펼쳤는데 그중 우선시된 사업이 바로 실태 조사 사업이었다. 그리고 '수도권 도시선교 위원회'의 대표적인 활동 근거지가 바로 활빈교회가 있던 송정동 뚝방 지역이었다.[64]

본래 이곳에서는 이념적 색채가 없는 서울대학교 의대 진료팀이 의료 지원을 하고 있었다. 하지만 실태 조사는 의료 지원과는 다른 차원의 사업이었다. 김진홍 전도사는 좀 더 운동적 관점의 조직을 원했다. 학림다방에서 사의연 멤버들과 만남을 가진 김진홍 전도사는 사의연의 활동 경력을 듣고 그 자리에서 바로 송정동 일대 판자촌에 대한 실태 조사를 제안했다.[65]

---

63 고한석 인터뷰(2014년 9월 25일).

64 최인기, "〔우리사회의 빈민운동사〕(3) 70년대 도시빈민운동", ≪참세상≫, 2010년 4월 14일 자.

65 당시 김진홍 전도사는 시혜적 활동에 회의를 느낀 듯 '대가리가 커서 슬픈 짐승이여'

活貧教會 創立 二週年 記念出版

貧民宣教에 대한 研究 및 報告

—정지된 地域을 中心으로—

1973. 10. 3.

活貧教會

그림 3-4 **사의연의 송정동 판자촌 실태 조사 사업 결과가 담긴 활빈교회 보고서**
사의연에서 독자적으로 정리한 보고서는 현재 남아 있지 않다. 대신 조사 사업 내용이 1973년에 나온 활빈교회 보고서에 고스란히 담겨 있다.
자료: 활빈교회, 「빈민선교에 대한 연구 및 보고」(1973).

　사의연은 여름방학 내내 '조사설문지'를 작성하고 수정하는 데 시간을 쏟았다. 워낙 방대한 조사 사업이었기에 이 지역을 진료하고 있었던 송정진료서클(서울대학교 진료팀) 및 종로 5가에 있던 '한빛교회 서클', 이화여대 사회학과의 이미경(현 국회의원) 등 다른 팀들도 일정 부분 작업을 도왔다.[66]

하고 지식인들을 빗대어 말하곤 했다. 당시 이런 관점을 가진 그였기에 사의연 멤버들이 판자촌 실태 조사 사업에 적격이라고 생각했을 것이다(사의연, 『사의연, 그 역사적 의의를 찾아서』, 12쪽).

하지만 사의연의 접근 방식은 확연히 달랐다. 사의연 멤버들은 현장 조사 사업이 시작되자 아예 송정동에 방을 빌려 판자촌 빈민들과 같이 생활하며 조사를 진행했다. 이때 당시 4학년 심재식 등과 2학년 고한석, 김기락, 안용태, 양길승, 황승주, 1학년 김삼용, 박양희, 안종국 등이 2주간 지역에 머물면서 설문 조사를 진행했다. 주거 환경, 이동 문제, 생활 실태(경제, 가족, 건강 문제 등), 사회의식(정부가 그들에게 어떻게 대한다고 생각하는가) 등을 핵심 내용으로 조사했으며, 이와 더불어 김장하는 비율, 하루에 밥 먹는 비율 등 판자촌 빈민들의 실상을 적나라하게 보여주는 구체적인 내용도 함께 조사했다.[67]

책으로만 접하던 빈민들의 현실을 눈으로 직접 확인하며 사의연 멤버들은 적지 않은 충격을 받았다. 그리고 자신들이 목격한 빈민들의 현실을 한 줄 한 줄 조사서에 적어나갔다.

위에서 보듯이 3끼 제대로 밥을 먹는 경우는 20%에 불과하며(그것도 실상은 쌀밥만인 경우는 극히 드물고 대개가 보리가 많이 섞인 정부미다) 나머지 다수는 비용이 덜 드는 밀가루 음식이라도 끼니를 때워야 하고 3끼 모두 스스로 말하듯 원치 않는 밀가루 음식인 경우도 상다수인 것이다. 게다가 하루 벌이에 의존해 살아가는 경우 여름의 장마철이나 비활동적인 겨울 불경기로 인한 고용감퇴 시 등에는 때로 굶고 지낼

---

66 같은 책, 12쪽.
67 고한석 인터뷰(2014년 9월 25일).

<표22>	결식여부			
	여 름		겨 울	
자 주	42	6.0%	54	7.7%
가 끔	131	18.7	136	19.5
없 다	478	68.3	464	66.3
미 상	48	7.0	45	6.5

<표23>	식 사 내 용		
3 끼 밥	140	20.0
2끼밥 1끼밀가루	198	28.4
1 〃 2 〃	280	40.0
3 끼 밀 가루	77	11.0
미 상	4	0.6

그림 3-5 **송정동 판자촌 실태 조사 보고서 중 주식에 관한 내용**
자료: 활빈교회, 「빈민선교에 대한 연구 및 보고」(1973), 48쪽.

<표27>	지붕의 종류		
종 류	실 수	%
기 와	28	4.0
함 석	11	1.6
루 핑	569	81.3
천 막	15	2.1
초 가	8	1.2
스 레 트	48	6.9
기 타	4	0.6
미 상	16	2.3

<표26>	가옥의 종류		
종 류	실 수	%
일반한식	15	2
흙 벽 돌	470	67.1
판 자	162	23.1
천 막	11	1.6
토 막	3	0.5
기 타	4	0.7
미 상	34	4.9
계	699	100.0

그림 3-6 **송정동 판자촌 실태 조사 보고서 중 주거지에 관한 내용**
자료: 활빈교회, 「빈민선교에 대한 연구 및 보고」(1973), 49쪽.

수밖에 없는 것이다.[68]

이농민들의 증가에 따른 판자촌 증대와 시 당국의 판자촌 억제정책의
피동적 갈등은 이들의 주생활과 가옥 구조에 여실히 나타난다. 즉 이들
의 가옥 종류는 대부분이 흙벽돌(BLOCK)제 판자집으로 되어 있으며
지붕은 루핑(지붕용 기름종이)이어서 우천시에 걱정이 되는 집이 반수
이상이다.[69]

집 밑에 변소, 변소 밑에 또 집이 있는 흙담집들, 그 안에서 수제비
로 겨우 끼니를 때우는 판자촌 도시 빈민들의 실생활을 보며, 사의연
멤버들은 글로만 익히던 한국 사회의 문제를 온몸으로 인식할 수 있
었다.[70]

사의연 멤버들은 이런 실상을 올곧이 세상에 알리기 위해 펀치카
드(punch car)를 이용한 통계 기구까지 빌려 일일이 조사한 자료의 통
계를 냈다. 그리고 1972년 사의연 창립 2주년을 기념해 불암산장으
로 MT를 가 「판자촌 실태 조사 보고서」를 발표했다. 이 보고서는 서
울대학교 권이혁 교수가 제도권에서 판자촌에 관한 연구서[71]를 낸 이

---

68 활빈교회, 「빈민선교에 대한 연구 및 보고」(1973), 48쪽. 민주화운동기념사업회 사
    료관 정준영 기증 자료이다.
69 앞의 글, 49쪽.
70 심재식 인터뷰(2014년 10월 30일); 고한석 인터뷰(2014년 9월 25일).
71 권이혁, 「도시내의 판자촌: 도시위생학적 입장에서」(1969), 대화문화아카데미 아카

후 비제도권에서 나온 최초의 빈민 실태 보고서였다. 이 보고서는 빈민들의 참혹한 삶을 통계를 인용해 실증적으로 보여주는 데 그치지 않고 한국의 정치·경제 상황을 논하며 빈민 문제를 어떻게 해결해가야 하는지에 대한 고민과 성찰, 그리고 대안적 주장까지 담아냈다.[72]

　이 보고서를 발표한 사의연 창립 2주년 기념식에는 서울대학교 농대, 문리대, 간호학과 학생들도 참석했다. 참석한 사람들은 적나라한 실태 조사와 냉철한 문제의식이 담긴 보고서를 보고 "의대생들이 어떻게 이런 일을 했냐"며 놀라움을 금치 못했다. 엄혹한 시기임에도 꿋꿋이 자신들이 할 수 있는 일을 찾아 유의미한 결과물을 남긴 사의연 멤버들도 스스로 고무되어 밤늦게까지 토론을 하고 막걸리 잔치를 벌였다. 그리고 김기락은 자신의 능력을 한껏 발휘해 김지하의 〈나뽈레옹 꼬냐〉[73]을 연출해 선보이며 한층 흥을 돋우었다.[74]

　이브에서 검색(http://www.daemuna.or.kr/archives/%EA%B8%B0%ED%83%80/%EB%B0%9C%EC%A0%9C-%EA%B6%8C%EC%9D%B4%ED%98%81(1).pdf).

72　심재식 인터뷰(2014년 10월 30일); 고한석 인터뷰(2014년 9월 25일).

73　『나뽈레옹 코냑』은 김지하의 첫 희곡으로 『오적』보다 먼저 쓴 작품이다. 1970년 이화여자대학교 연극반 학생들에 의해 처음 공연되었다. 이 작품은 통치권자와 관련된 정치 스캔들로 떠들썩했던 '정인숙 살해 사건'을 소재로 삼아 지도층의 사치 방탕을 신랄하게 풍자하고 있다. 주부가 된 대학 동창생 다섯 명이 친목계를 위해 모인다. 동창들은 집주인 모 고관의 부인인 마마의 눈치를 살펴가며 남편에 관한 이권을 부탁한다. 이들은 당시 최고급 양주로 알려진 나폴레옹 코냑을 마시며 서로의 허영과 사치를 자랑한다. 그러나 마마의 남편 수염 씨가 강변숙(강변에서 죽은 정인숙을 가리킨다) 여인의 스캔들과 관련된 사실이 신문 보도를 통해 밝혀지자 마마의 권위는 몰락하고 이들의 관계가 깨어지는 줄거리이다(김지하, 『구리 이순신』(범우사, 2014), 서문 참조).

4. 1973년의 사회 상황과 사의연의 활동

1971년 3선의 길에 들어선 박정희는 영구 집권을 기도하기 위해 새로운 제도적 장치를 마련했다. 바로 1971년 선거로 대통령에 당선된 지 1년 반 만에 유신체제를 선포한 것이다. 유신체제 강행을 위해 박정희는 1972년 10월 17일 오후 7시를 기해 전국에 비상계엄을 선포하고, 대통령 특별선언을 통해 국회 해산 등 헌법의 기능 일부를 정지시켰다. 이는 "국가를 위해 인권을 유보"시켰으며, 근대 민주주의 국가에 전무후무한 암흑기를 만들었다. 유신체제를 지지하는 사람만이 '자유와 평화'를 누리고 반대하는 사람들이 갈 곳은 오직 감옥뿐이었다.[75]

유신체제 시기 학생운동은 크게 두 가지 양상으로 갈렸다. 하나는 비합법, 비공개 운동 노선을 추구하며 노동 현장으로 투신하는 것이었다. 특히 서울대학교의 법대와 상대에서 학생운동이 노동운동으로 전화해야 한다는 문제의식이 팽배했다. 문리대 등은 비교적 이러한 경향이 적은 편이었다. 각 학교에 따라서도 입장이 갈렸다.[76]

또 다른 하나의 경향은 정권의 공세로부터 운동의 지속성을 담보할 수 있는 활동 공간을 고려한 공개적 기구로의 편입이었다. 구체적

---

74   심재식 인터뷰(2014년 10월 30일).

75   이재오, 『해방 후 한국 학생운동사』(파라북스, 2011), 267쪽.

76   고한석 인터뷰(2014년 9월 25일).

으로는 종교계의 울타리 안에 들어가는 것이었다. 한국기독학생회총연맹(이하 KSCF), 제일교회, 새문안교회 등지에서는 학습 세미나와 연대 활동이 서서히 진행되었고, 가톨릭계에서도 지학순 주교를 중심으로 학생운동과의 연계가 이루어졌다. 이렇게 종교의 외피를 쓰고 진행된 학생운동의 흐름은 크게 두 가닥으로 나뉘어 산업선교회를 중심으로 노동운동을, 가톨릭농민회를 중심으로 농민운동을 전개해나 갔다.[77]

사의연으로서도 활동의 방향을 찾기가 쉽지 않았다. 더욱이 1973년 대부분의 사의연 창립 멤버들이 입대하거나 병원에 인턴·레지던트 과정으로 편입된 상황이었다. 한 치 앞을 내다볼 수 없는 엄혹한 시대 상황 속에서 멤버들 각자의 심리적 갈등도 커져만 갔다. 강인한 신념과 자기 결단을 요구했으나 이는 감옥행이라는 엄청난 대가를 수반했다. 이런 고민에 답을 내지 못한 채 군대를 선택하는 사람들도 있었다.[78]

멤버 각자의 고민 정도와 결의 수준이 달랐기 때문에 이를 조직적으로 해결할 수도 없는 상황이었다. 조직 차원에서 제시할 수 있는 것은 의료를 수단적으로 활용해서 좀 더 적극적으로 '민중 속으로' 들어가 보자는 합의 정도였다. 당시 급진적 관점에서는 분명 한계가 있는 행위였지만 사의연이 조직을 보존하며 당장 시도해볼 수 있는 것은

---

77 고한석 인터뷰(2014년 9월 25일).
78 고한석 인터뷰(2014년 9월 25일).

결국 그것이었다.[79]

1) 사의연의 유지를 위한 외향적 절충: 1973년 판자촌 진료 활동

1973년, 사의연은 '주인 조직(organization) 건설'로 슬로건을 바꾸고 조직 재건을 위해 박차를 가했다. 우선 실태 조사를 통해 익숙해진 판자촌을 대상으로 사업을 기획했다. 진료 활동을 통해 흐트러진 조직을 재정비하고 후배들의 참여를 도모해 장차 공식적인 활동의 발판으로 만들자는 구상이었다. 장소로는 조사 사업을 통해 주민들의 상황을 파악하고 있는 송정동이 적격이었으나 이곳은 이미 진료를 하고 있는 다른 팀이 있었다. 사의연은 답사 끝에 현재의 목동 오목교 앞에 있는 안양천 뚝방을 목적지로 결정했다.[80]

진료 활동 공간을 마련하기 위해 뚝방 주변 판자촌 방 2개를 빌렸다. 방 하나는 진료방으로 하고 나머지 하나는 숙소로 사용했다. 활동 내용에서도 다른 진료 봉사단체들과는 질적으로 달랐다. 단지 진료에 그치지 않았고 기존의 경험을 충분히 살려 건강 조사와 함께 생활 실태 조사까지 진행했다. 당시만 해도 가난한 환자들은 대학병원은 엄두도 못 내던 상황이었다. 사의연 멤버들은 진료 활동을 통해 병

---

79 특히 고원순은 레지던트를 하면서도 사의연의 맥을 잇기 위해 많은 노력을 했다〔심재식 인터뷰(2014년 10월 30일)〕.
80 고한석 인터뷰(2014년 9월 25일).

원에서 보기 어려운 다양한 질환으로 고통 받는 환자들을 만날 수 있었다.[81]

하지만 많은 시행착오와 어려움을 겪었다. 처음에는 약값을 무상으로 했으나 가난한 주민들이 약을 받아다 집에 쌓아두는 폐단이 생겨 실비를 받는 것으로 바꾸어야 했다. 또한 필요한 소모품 및 일회용 도구를 지원받을 데가 없어 일일이 소독해서 사용해야 했다. 결핵이 의심되는 환자가 많아 결핵협회에 검진 차량을 요청해 엑스레이(X-ray)를 찍기도 했다. 이처럼 의학적 지식이나 경험이 충분치 않은 상황에서 여러 한계에 부딪히면서도 시혜적 봉사에 머물지 않기 위해 다양한 노력을 기울였다.[82]

2) 사의연 유지를 위한 내향적 절충: 1973년 여름 강원도 진료 활동

조직을 다시 제대로 굴리기 위해서는 결국 학내 기반을 재건해내야 했다. 이를 위해 학교 차원에서 매년 진행해오는 농촌 진료 활동을 통해 새로운 후배들도 만나고 학내 사업 가능성을 타진해보기로 했다. 게다가 사의연 멤버인 3학년 고한석, 양길승, 4학년 고원순, 김주이가 진료단의 주축이었기 때문에 사의연이 분위기를 주도할 수 있는 상황이었다. 목적지도 양길승이 미리 답사를 통해 광산이 가까운 강

---

81 고한석 인터뷰(2014년 9월 25일).
82 사의연, 『사의연, 그 역사적 의의를 찾아서』, 13쪽.

원도 영월 상동으로 정했으며, 이전 농촌 진료 활동에서 좌절되었던 실태 조사도 주요 프로그램으로 넣었다. 사의연 활동에 우호적인 소아과 윤종구 교수도 섭외했다.[83]

하지만 관성적으로 참여하던 선배들과의 충돌은 피해갈 수 없었다.

(강원도) 사북으로 의료봉사를 떠났을 때 일이에요. 인솔자인 레지던트 3년 차 선배가 반바지에 선글라스를 쓰고 기차에 오른 거예요. "선배님 그게 봉사활동 복장입니까! 당장 선글라스도 벗고 옷도 갈아입으세요. 선배님의 체통을 지키셔야지요." (저의) 건방진 태도는 거기에서 끝나지 않았지요. 마을에 도착해서 학생회 측이 준비한 점심으로 카레라이스가 나온 거예요. "아니 명절 때나 고기를 먹을 수 있는 사람들 앞에서 이 무슨 호화판 요리입니까!" 호통을 치고 점심을 굶어버렸죠.[84]

사의연이 전체 활동을 주도함에 따라 현장에서도 충돌은 이어졌다. 당시 민박을 하면서 활동하는 팀과 중앙단위 팀으로 나누어 활동을 했다. 그런데 중앙단위 팀이 일을 끝내고 방에 둘러앉아 수박을 먹으며 기타를 치자 양길승은 "농촌봉사활동을 하러 왔으면 농민을 이해하려 노력해야지 이건 안 된다. 농민과 얘기하는 자리를 만들었으

83 이 활동이 인연이 되어 윤종구 교수가 함의봉의 지도교수를 맡게 되었다(같은 책, 13쪽).

84 "삶은 슈바이처, 철학과 사상은 체 게바라: 운동권 출신 녹색병원 양길승 원장 인터뷰", 《오마이뉴스》, 2007년 4월 26일 자.

그림 3-7 **1974년 서울대학교 의대 졸업 앨범에 실린 함춘의료봉사회 사진**
함춘의료봉사회는 윤종구 교수를 지도교수로 한 합법 서클이었기 때문에 졸업 앨범에 실렸다.
하지만 1974년에 불법화되었기 때문에 1974년(28회) 졸업 앨범에 실린 것이 처음이자 마지막이
었다.

니 함께 가자"며 판을 깼다. 양길승은 "늦게 일어나면 선생이고 뭐고
다 두들겨 깨워주겠다"고 경고하며 술자리를 갖지 못하게 막았다. 양
길승이 하도 세게 엄포를 놓아 이후 학내에는 농활에서 레지던트를
때렸다는 소문까지 돌았다. [85]

---

[85] 양길승은 진료 활동팀이 농민의 실생활을 알아야 하고 기왕 농촌봉사활동에 왔다면

3) 내향적 절충과 외향적 절충의 통합: 함의봉

농촌 진료 활동에서 선배들과 충돌이 있었지만 많은 후배들을 만
날 수 있었던 사의연 멤버들은 진료 활동을 수단으로 학내에서 조직
을 재건할 수 있는 방안을 궁리했다. 고민 끝에 사의연 모임은 언더
서클로 유지하되, 별도의 외피 조직을 만들기로 결정했다. 그 결과
1973년 9월 함춘의료봉사회(이하 함의봉)가 만들어졌다.[86]

사의연 멤버들은 함의봉 초대 회장에 사의연 멤버인 김기락을 앉
혔다. 함의봉의 주요 직책에 사의연 멤버들을 배치해 활동의 방향성
을 잡고, 표면적으로는 진료 봉사를 활동 수단으로 삼아 조직의 유
지를 꾀하면서도 내부적으로는 1974년 사회운동을 대비한다는 전
략이었다. 즉, 변화의 힘을 찾기 위해 어떤 형태로든 활동을 이어나
가야 하며 그러기 위해서는 이중적으로 활동할 수밖에 없다는 결론
이었다.[87]

진료 활동을 주요 활동 수단으로 삼은 만큼 상당한 양의 약과 의료
장비를 구비해야 했다. 그러나 학생 신분인 이들에게 운영 자금이 있

그들과 똑같이 생활해야 한다며 4개 지역으로 나뉘어 가던 각 팀에게 쌀과 보리를
반반씩 나눠주고 보냈는데 후배들이 양길승의 눈치를 보며 보리만 먹고 쌀은 건드
리지 않았다고 한다. 어떤 후배는 농활 가서 뭐했느냐는 질문에 "길승이 형 고무신
끝만 쳐다보다가 왔다"는 일화도 있다(사의연, 『사의연, 그 역사적 의의를 찾아서』,
13쪽).

86 심재식 인터뷰(2014년 10월 30일).

87 사의연, 『사의연, 그 역사적 의의를 찾아서』, 15쪽.

을 리 만무했다. 이런 고민을 전해들은 김지하는 김수환 추기경에게 가면 자금을 지원해줄지도 모른다는 의견을 전달했다. 이에 고한석이 김수환 추기경을 직접 찾아가 사정을 털어놓았다. 하지만 김수환 추기경은 등록된 서클이 아니기 때문에 지원해줄 수 없다는 답을 했다. 대신 가톨릭대학교의 장한 주교를 찾아가 보라고 했다. 장한 주교를 찾아갔지만 역시 지원하기 어렵다며 지학순 주교를 추천했다. 고한석은 지학순 주교를 만나기 위해 원주 교구까지 찾아갔다. 포기하지 않고 발품을 판 보람이 있었다. 지학순 주교는 판자촌 진료 등 사의연을 활동 내역을 듣고는 흔쾌히 60만 원에 달하는 거금을 주었다.[88] 함의봉은 이 돈으로 의료 장비와 약을 살 수 있었으며 학생회나 학교에 의존하지 않은 독립적인 의료봉사활동을 기획할 수 있었다.[89]

---

88 고한석 인터뷰(2014년 9월 25일).

89 안양촌 뚝방에서 경험을 쌓았던 사의연은 함의봉을 만든 후 지역을 확대해 송정동, 동대문, 답십리, 양평동, 영등포, 홍제천가, 성산동, 청계천 등지에서 진료 활동을 펼쳤다. 이근후가 총책임을 맡은 당시 함의봉 멤버로는 본과 4학년 김주이, 홍성모, 고원순, 3학년 고한석, 김기락, 박영세, 이근후, 황승주, 양길승 등이 있었다. 이후 1973년 말부터 서울대의 학생운동이 다시 기지개를 펴기 시작하자 양길승, 고한석, 황승주 등은 학생운동의 조직 활동을 위해 진료팀에서 빠지게 되었고 이근후, 박양희, 박영세, 채종일 등이 진료 활동의 중심에 섰으며, 김기락이 의료예방사업을 맡았다. 사회의학으로서의 관점보다는 진료 봉사에 관심이 컸던 일부 멤버들은 학생운동 차원의 조직 활동에 거리를 두었고 결국 함의봉이 불법화되고 송촌이 만들어지면서부터는 이들이 주축이 되었다(사의연, 『사의연, 그 역사적 의의를 찾아서』, 15쪽).

5. 1974년의 사회 상황과 사의연의 활동

사의연 멤버들이 기다리던 학생운동의 새로운 흐름은 사의연이 함의봉을 통해 새로운 활로를 전개한 지 얼마 지나지 않아 일어났다. 유신 독재의 공포 아래 모두가 숨죽인 1973년 10월 2일 서울대학교 문리대에서 유신 선포 이후 최초의 학생 시위가 발생한 것이다. 10월 2일 오전 11시 서울대학교 문리대 각 강의실 복도에서 울려 퍼진 "도서관에 불이 났다"는 소리에 학생들이 모여들었다. 이는 사실 학생회 간부들이 학생들을 긴급하게 소집하기 위한 작전이었다. 학생회는 모여든 학생들을 4·19기념탑으로 인도해 준비된 비상총회를 열고 선언문을 낭독했다. 학생들은 선언문에서 "패배주의, 투항주의, 무사안일주의와 모든 굴종의 자기기만을 단호히 걷어치우고" 유신체제에 맞서 싸우자며 투쟁을 선포했다. 이날의 시위로 20명이 구속되었으나 이를 통해 유신체제하에서 불가능할 것 같았던 학생운동의 첫 포문이 열렸다.[90]

박정희 정권의 거친 탄압에도 굴하지 않고 유신체제에 항거한 대학생들의 투쟁은 언론, 지식인, 종교계에 큰 자극을 주었다. 시위 과정에서 학생들이 제기한 이슈는 크게 두 가지였는데 정치적으로는 파쇼 통치의 근거인 유신체제 철폐와 자유민주체제 확립, 경제적으로는

---

90 강준만, 『한국 현대사 산책 1970년대 편 2: 평화시장에서 궁정동까지』(인물과사상사, 2002), '10·2 시위와 언론자유수호선언' 챕터 참고.

90 한국 보건의료운동의 궤적과 사회의학연구회

대일 예속화 중지와 민족자립 경제의 확립이었다. 이와 함께 1973년 말 학생운동의 계기가 10월 2일 시위에 따른 학생들의 대량 구속과 제적이었기 때문에 구속 학생의 석방과 학원의 자유도 표면적으로는 주요한 쟁점으로 제기되었다. 이러한 요구들은 전통적으로 학생운동 이 제시해온 것과 크게 다르지 않았지만 "유신체제라는 극도의 비민 주적 억압체제를 직접 경험한 뒤에 제기된 것이었기에 그 구체성과 절박성은 어느 때보다 컸다."[91]

1) 우연적인 그러나 필연적인 전환점: 서울대학교 의대생 시험 거부 사건

1973년 유신체제를 공고히 하려는 박정희 정권은 10월 2일 서울대 학교 문리대 학생 시위를 기점으로 전국 각지에서 저항의 움직임이 살아나자 1974년 1월 8일 긴급조치 1·2호를 발동했다. "유신헌법을 반대 부정 비방하거나 개헌을 주장하는 일체의 행위를 금지하고, 위 반자는 영장 없이 체포하고 군법회의에서 15년 이하의 징역에 처하 며(1호), 이에 따른 비상 군재를 설치한다(2호)"고 선포했다. 이에 따 른 첫 조치로 1월 15일 열린 비상보통군제 검찰부는 전 ≪사상계≫ 사장 장준하와 백범사상연구소 대표 백기완을 긴급조치 위반 혐의로

---

91 민주화운동기념사업회 오픈아카이브, '10. 2 시위~전국 각 대학 동맹휴학사건'(http:// archives.kdemo.or.kr/Collection?evtNo=10000023); 서중석, 『한국현대사 60년』 (역사비평사, 2007) 참고.

구속했다. 이어 1월 21일에는 도시산업선교회 김경락 목사 등 종교인 11명을 같은 혐의로 구속했다.[92]

연이은 긴급조치 발동으로 사회운동의 지도급 인사들이 대거 구속됨에 따라 시위의 열기가 한풀 꺾였다. 학생들의 시위가 뒷받침되어야 할 시점이었지만 겨울방학 기간이었기 때문에 학생들의 집결이 이루어지지 못했다. 하지만 다른 단과대학과 달리 서울대학교 의대는 매년 진행되는 진급시험이라는 특수한 커리큘럼이 진행되고 있었다.[93]

의대에서 저항의 불씨를 켠 것은 신앙심이 강한 본과 3학년 김수신이었다. 김수신은 긴급조치로 성직자들이 끌려갔다는 소식을 듣고 이들의 석방을 요구하는 시험 거부 시위를 기획했다. 하지만 시위 경험이 없었기 때문에 어떻게 시위를 조직해야 할지 전혀 알지 못했다. 이에 이근후와 정회원, 황승주, 김구상, 양길승 등 사의연 멤버들이 주축이 되어 김수신을 도와 시위를 주동했다.[94]

---

92 김삼웅, 「후광 김대중 평전: [99회] 박정희, 잇딴 긴급조치 선포」, 《오마이뉴스》 블로그, 2009년 10월 8일(http://blog.ohmynews.com/kimsamwoong/299727).

93 연말에 휴교령 등으로 진급시험 날짜가 1월로 미뤄진 것이었다〔황승주 인터뷰(2014년 9월 26일)〕.

94 당시 김수신은 종교교회를 다니고 있었고, 이 종교교회에는 이후 인혁당 사건의 문제점을 공식적으로 발언해 추방당하는 조지 오글(George E. Ogle, 한국 이름은 오명걸) 목사가 있었다고 한다. 고한석은 김수신이 사의연 멤버가 아니었음에도 당시 시험 거부 시위를 주도한 데에는 이런 영향이 컸을 것이라 추정했다〔고한석 인터뷰(2014년 9월 25일)〕.

전체 학생운동에 결합하는 형식이 아닌 서울대학교 의과대학의 단독 시위인 만큼 경험이 가장 많은 양길승의 도움이 절실했다. 황승주는 김수신의 기획을 듣고 시험을 보기 위해 고향집에서 올라온 양길승에게 전화를 걸어 도움을 요청했다. 양길승은 이들을 지도하며 시위 계획을 잡아나갔다. 이들은 시험 전날인 1월 20일 정회원의 집에 모여 시위를 위한 유인물을 만들었다.[95]

그러나 유인물을 뿌린다고 시험 거부가 저절로 되는 것은 아니었다. 제대로 된 시험 거부 시위가 되기 위해서는 조장들의 결의가 필요했다. 당시 조별로 나뉘어 시험을 봤고 조장들이 시험지를 받아 배포했기 때문에 조장들이 시험 거부에 동조하느냐가 시위 성패의 관건이었다. 마침 조장 중 한 명이었던 김수신은 이들을 모아 적극적으로 설득했다. 결국 조장들은 시험 거부에 뜻을 모았고, 시험지 대신 "새해가 되면 지난날의 모든 어려움을 씻어줄 새날이 올 것을 기대했건만, 우리에게 주어진 것은 더 굵은 쇠사슬과 더 큰 자갈뿐이 아니었던가?"로 시작하는 격문(檄文)을 읽었다. 그리고 사의연 멤버들은 "1·8 긴급조치를 즉각 철회하라. 자유민주주의체제를 확립하라. 개헌청원 서명운동을 적극 지지한다"며 준비해간 결의문을 뿌렸다.[96]

이 시위는 곧 들이닥친 경찰들에 의해 진압당했다. 일개 단과대학

---

95 이 유인물은 황승주로부터 이근후가 받아간 등사기(일명 가리방)를 가지고 만든 것이며, 유인물의 글은 김수신이 쓴 것이다〔황승주 인터뷰(2014년 9월 26일)〕.

96 고한석 인터뷰(2014년 9월 25일).

그림 3-8 **긴급조치 위반 혐의로 이근후, 김영선, 김구상이 비상고등군사재판에서 선고받는 모습**
자료: 민주화운동기념사업회(http://db.kdemocracy.or.kr/View?pRegNo=00718713) 제공; 《경향신문》 원작.

에서 진행된 시위였지만 정권의 대응은 엄중했다. 연행된 사람 중 주
동자로 지목된 이근후, 김구상, 김영선은 1심에서 10년을 선고받았
다. 황승주, 양길승은 검찰이 이 시험 거부 사건의 배후 세력으로 자
신들을 겨눌 것을 직감하고 시위 직후 즉시 피했고[97] 이후 수배자 신

---

[97] 정작 시위의 주모자라고 할 수 있는 김수신이 구속되지 않은 이유는 명확하지 않으
나 단순 가담자로 훈방 조치되었던 것으로 추정된다. 고한석의 회고에 의하면 자신
도 도망 다니다 자수하고 중앙정보부에 끌려가 밤샘 조사를 받고 나와 재시험을 봤
다고 한다. 중앙정보부는 그 대신 1주일에 한 번씩 방문하라는 조건을 달았으며, 자

세가 되어 수사망을 피해 다녀야 했다.[98]

(서울대 의대 시험 거부 사건) 그날로 와가지고 아르바이트를 하고 있던 고압산소실[99]에서 보따리 싸가지고 얼른 도망 왔지. 보나마나 나를 잡을 거니까. 그전에 몇 번, 경찰서 가서 몇 번 붙들려 가서 조사받고, 이렇게 한 적이 있었어. 우리 학년에서는 내가 지목됐거든. 양길승 선생은 뒤에서 조정하고, 드러난 사람이 나고. 그러니까 보나마나 나를 잡으러 올 거거든. 그러니까 얼른 도망갔지. 그래서 도망가지고 (고압산소실 담당 윤덕로) 교수한테 죄송하다 하고 …… 그때서부터 계속해서 도망간 거야. 여기저기 도망 다니고 그랬는데 몇 달 지나니까 갈 데가 없더라고. 그때 이제 지금 암센터 원장 하는 이진수 선생이 이제 그때 아르바이트 과외 공부하는 친척이 있었어요. 그 집에 잠깐 가 있

신과 같은 시험 거부 학생들이 함께 재시험을 봤다. 고한석에게만 3차까지 재시험을 치르게 했는데, 결국 유급을 받았다고 한다〔고한석 인터뷰(2014년 9월 25일)〕.

98 이후 고등군법에서 김구상과 김영선은 5년, 사의연 멤버였던 이근후는 7년으로 감형되었다. 이근후는 형량이 결정된 후 안양교도소에 수감되었는데 3~4개의 방에 긴조 1호 사범들이 같이 모여 있었다고 한다. 당시 장준하, 백기완, 연세대 시험 거부 구속자들, 서울대 의대 구속자들이 같이 있었다. 이근후는 1975년 2월 석방되었다(사의연, 『사의연, 그 역사적 의의를 찾아서』, 16쪽).

99 고압산소실은 연탄가스 중독 환자를 치료하기 위해 윤덕로 예방의학 교수가 설치한 것으로 1971년에서 1972년까지 양요환이 신명수, 박재형의 뒤를 이어 학교장학금을 받으면서 근무했는데 이후 황승주가 1973년부터 근무했다. 황승주는 학업성적이 좋아 당시 전 과목 A를 받았다. 고압산소실은 주로 사의연 모임 장소로 활용되었고, 나병식, 홍세화 등도 통금이 되면 찾아서 외상술을 마시는 등 당시 학생운동의 아지트 역할을 했다〔황승주 인터뷰(2014년 9월 26일)〕.

었는데 (느낌이 이상해서) 도망갔거든. 아니나 다를까 그다음 날 와서 덮쳤어. 이진수 선생(국립암센터 원장)도 잡혀가고 숨겨줬던 친척 할 아버지도 잡혀가고 …… 우리 집도 쑥대밭이 돼가지고 맨날 형사들이 와가지고 뭐 우리 어머니, 형님한테 뭐 빨갱이라 그러고 들쑤시고……. 집안 식구들이 엄청난 고생을 했지. 이놈이 가서 공부 잘하고 있는 줄 알았더니 빨갱이라 그러고 데모한다고 그러고 …… 우리집이 황해도 연백에서 공산당한테 핍박을 받아가지고 6·25 때 피난 나왔는데 집안 식구들이 어마어마하게 …… 특히 어머니가 (충격받았지).[100]

사의연 멤버들이 직간접적으로 관여한 이 시험 거부 시위는 긴급조치 1호에 저항한 최초의 학생 시위였다.[101] "구속 목사 석방하라", "긴조 1호 반대한다" 등과 같이 박정희 정권의 반민주적인 정책에 대해 명확히 반대를 표명했으며, 사의연 멤버만이 아닌 평범한 의대생들까지도 유급을 불사하며 자발적으로 나선 역사적 사건이었다. 이 시위는 언론에 보도되며 긴급조치로 잠시 위축되었던 학생운동을 다시 고무시키는 디딤돌 역할을 했다. 아울러 사의연 주요 멤버들이 학생운동의 핵심 인물로 부상하는 계기이기도 했다.[102]

---

100 황승주 인터뷰(2014년 9월 26일).
101 민주화운동기념사업회 연구소, 『한국민주화운동사 연표』, 258쪽 참조.
102 개강 이후에도 각 학년마다 사의연 멤버들이 주축이 되어 수업거부운동을 진행했다. 홍영진이 중심이 되어 만약 문제가 생기면 약속된 장소로 모이자는 지침을 내리며 운동을 주도했다. 이때 다른 의대생들이 거부감을 나타내지는 않았으나 적극적인 사

2) 민청학련 사건과 사의연

유신 선포에 이어 긴급조치 1호를 발동했음에도 불구하고 사회적 저항이 거세지자 박정희 정권은 1974년 4월 3일 '전국민주청년학생총연맹(민청학련)'이 북한의 사주에 의해 정부 전복을 기도했다며 밤 10시를 기해 긴급조치 4호를 발동했다.

박정희 정권은 민청학련에 가입한 자는 물론, 물질적으로 찬조한 자, 정신적으로 찬양 고무한 자, 심지어는 구성원과 만난 자까지도 최고 사형으로 다스릴 것임을 경고했다. 또한 민청과 관계없이 학생이 학교 내외에서 집회·시위·성토·농성 등을 해도 최고 사형으로 다스릴 것이라 밝히고, 이 조치 위반 혐의자에 대해서는 법관의 영장 없이 체포 수색해 군법회의에 넘기는 등의 전례를 찾아보기 어려운 탄압을 가했다.[103]

이 민청학련 사건에는 사의연 멤버 황승주가 연루되어 있었다. 실제 민청학련의 '의대책(責)' 역할을 했던 황승주는 4·19 전후에 있을

람이 많지는 않았다고 한다〔황승주 인터뷰(2014년 9월 26일)〕.

103 1974년 7월 13일에 열린 비상군법회의 첫 공판에서 이철·유인태·여정남·김병곤·나병식·김지하·이현배 등 아홉 명에게 사형이, 유근일 등 일곱 명에게는 무기징역 등 가혹한 형벌이 선고되었다. 이에 앞서 7월 9일 열린 인혁당계에 대한 결심 공판에서는 서도원·도예종 등 일곱 명에게 사형이, 김한덕 등 여덟 명에게 무기징역이, 나머지 여섯 명에게 징역 20년이 각각 구형되었다. 1974년 한여름 내내 긴급조치 피의자들을 다루는 군법회의 공판정은 연일 사형, 무기징역, 20년, 15년 등 유례없는 중형을 선고했다(민주화운동기념사업회 연구소, 『한국민주화운동사 연표』, 262쪽).

전국적인 학생 시위에 대비해 서울대 의대에서의 시위를 준비하고 있었다. 하지만 시험 거부 사건으로 인해 도망 중이었기 때문에 직접 나설 수 없는 상황이었다. 황승주는 답십리 판자촌에서 이철(의장)과 박양희(사의연 멤버)를 만나며 준비해나갔다. 박양희 외에도 김삼용, 박세화를 배후에서 지도하며 각 학년별로 조직해나갔다.[104]

그러나 사전에 정보가 누출되어 4월 19일로 예정되어 있던 시위는 4월 3일로 앞당겨졌고 황승주는 급히 유인물을 제작해 학년별 담당자에게 건넸다. 잘못되면 사형까지도 각오해야 하는 상황이었다.[105]

디데이(D-day)인 4월 3일, 황승주의 지도를 받은 박양희, 박세화, 김삼용은 전날 의과대학 본관 뒤에 있는 나무 아래 숨겨 놓았던 유인물과 피켓을 들고 강의실로 들어갔다. 박양희가 1학년을, 박세화가 2학년, 김삼용이 3학년을 맡아 시위 동참을 호소했다. 본과 4학년의 경우 사전 계획은 없었지만 김기락이 자진해 4학년 실습실 칠판에 시위 장소를 써놓고 함께 모이자고 선동했다.[106]

마침내 보건대학원 해부병리학실 앞 광장에 150여 명의 의대생이 모였다. 시위를 기획한 황승주가 등장할 차례였다. 황승주는 눈에 안

---

104 이때 황승주는 답십리 판자촌에서 방을 얻어 지내고 있었다. 황승주는 이곳에서 등사기를 구입, 유인물을 제작·배포하곤 했다[황승주 인터뷰(2014년 9월 26일)].

105 민청학련 시위가 이루어진 곳에 뿌려진 유인물 중 서울대 의대에 뿌려진 유인물만 내용이 조금 달랐는데, 이는 황승주에게서 받은 민청학련 유인물을 양길승이 약간 고쳤기 때문이라고 한다[황승주 인터뷰(2014년 9월 26일)].

106 황승주 인터뷰(2014년 9월 26일).

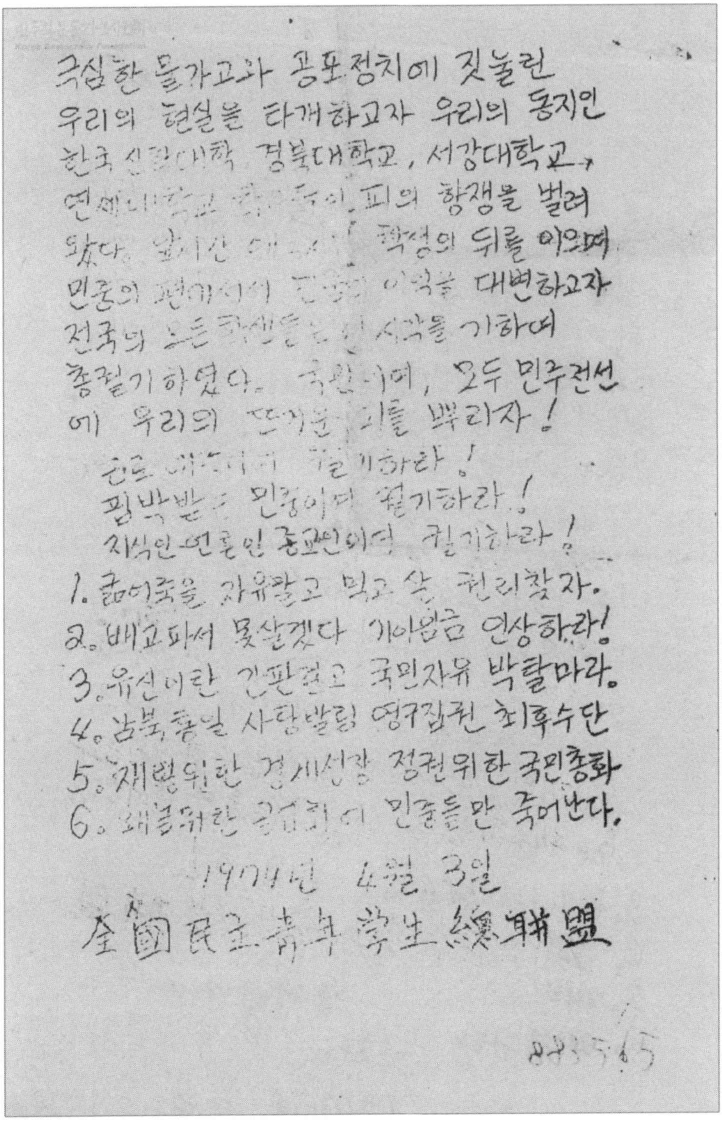

극심한 물가고와 공포정치에 짓눌린
우리의 현실을 타개하고자 우리의 동지인
한국 신□대학 경북대학교, 서강대학교,
연세대학교 □□□의 피의 항쟁을 벌려
왔다. 일□□ 에□□ 학생의 뒤를 이으며
민중의 편□□서 □□□ 이익을 대변하고자
전국의 모든 □□□□ □ 시각을 기하여
총궐기하였다. 국□□여, 모두 민주전선
에 우리의 뜨거운 □□를 뿌리자!

□□ □□□□ □ 궐기하라!
핍박받□ 민중이며 궐기하라!
지식인·언론인·종교인이여 궐기하라!

1. 굶어죽을 자유말고 먹고 살 권리찾자.
2. 배고파서 못살겠다 기아임금 인상하라!
3. 유신이란 긴급조치 국민자유 박탈마라.
4. 남북통일 사탕발림 영구집권 최후수단
5. 재벌위한 경제성장 정권위한 국민총화
6. 왜놈위한 공업화에 민중들만 죽어간다.

1974년 4월 3일

全國民主靑年學生總聯盟

0883565

그림 3-9 **1974년 4월 3일 뿌려진 민청학련의 유인물**
자료: 민주화운동기념사업회(http://db.kdemocracy.or.kr/View?pRegNo=00883565) 제공; (재)전태일 재단
원작.

대를 대고 환자로 가장해 택시를 타고 학교 안에 들어왔다. 그러나 상황이 여의치 않았다. 이미 정보가 누출되었는지 교문 앞에는 정경들이 깔려 있었고, 문리대는 아예 교문이 봉쇄되어 학생들의 출입이 차단되었다. 의대 정문 앞으로 의대생들이 모여들자 곧 의대 창문이 닫히고 진압 부대가 정문 앞으로 배치되었다. 대학로 쪽으로 진출할 수 없게 된 의대생들은 피켓을 들고 병원으로 갔다 다시 정문으로 움직이며 거리로 나가기 위한 기회를 엿보았다.[107]

하지만 얼마 지나지 않아 창문과 병원 쪽에서 진압 부대가 튀어나오더니 시위대를 덮쳤다. 박양희, 박세화, 김삼용은 진압에 대비해 미리 계획을 세워두었다. 학생들을 이끌고 약학대학 강의실로 들어가 바리게이트를 치고 단식농성에 돌입할 생각이었다. 그러나 정작 진압 부대가 몰려와 습격을 하자 세 사람을 따라오는 인원은 10여 명에 불과했다. 대부분은 의과대학 건물 안으로 도망쳤다. 정경들은 의과대학으로 진입하고 있었다. 약학대학으로 도망친 주동자들은 숨을 돌릴 수 있었지만 의과대학 건물로 들어간 학생들 대부분은 연행되고 말았다.[108]

---

107 1974년 4월 3일 학생 시위에 대한 주요 2차 사료[민주화운동기념사업회 연구소, 『한국민주화운동사 2』(돌베개, 2009)]를 보면 서울대학교 의대생 500여 명이 흰 가운을 입고 경찰과 교문 앞에서 대치했다는 기록이 나온다. 이는 황승주가 중심이 되어 조직한 이 시위를 언급한 것으로 보인다. 하지만 500여 명은 서울대 의대생 거의 대부분이 집회에 나왔다는 것인데 이는 다소 과장된 것으로 보이며 사의연 멤버들의 회고가 보다 정확할 것이다[황승주 인터뷰(2014년 9월 26일)].
108 당시 학년 대표였던 최석구와 임태환은 학생들이 건물 안으로 다 들어 갈 때까지 남

사의연 멤버들은 4월 3일 잠시 연행을 모면했으나 혹독한 대가가 기다리고 있었다. 김기락은 시위 도중에 잡히지는 않았으나 집으로 찾아온 형사들에게 연행되어 구속되었다. 그는 서대문 형무소에서 3개월 옥살이를 하고 7월에야 기소유예로 풀려났다. 임현술은 김기락보다 한두 달 더 옥살이를 해야 했다. 안용태 역시 이 사건으로 인해 유급을 당했다. 박세화는 시위 도중 교수를 넘어뜨렸다는 이유로 수석을 하고도 졸업식에서 국회의장상을 받지 못했으며, 모교에서 인턴 수련도 받을 수 없었다. 김삼용도 서울대학교병원에서 인턴 수련을 받지 못하고 백병원으로 가야 했으며, 박양희는 아예 군대를 지원해야 했다.[109] 심지어 심재식은 군대에 있었음에도 불려가 취조를 받아야 했다.[110]

3) 민청학련 사건에 대한 사의연의 처절한 갈무리: 황승주 혈서 사건

민청학련 서울대학교 의대 총책으로 지목된 황승주는 수배자 신세

아서 문을 연 채 계속 잡고 있었다고 한다. 그들은 이 때문에 학년 대표인 데다 현행범으로 잡혀 두세 달간 조사받고 낙제를 했으나 김삼용 등 세 사람은 도망 다니다가 긴조 4호 구절에서 자수자는 불문에 붙인다는 신문 내용을 보고는 자수해 금방 풀려나고 낙제도 면했다고 한다. 이일로 박영희 등은 항상 이들 학년 대표에게 죄스러운 마음을 지니고 있다고 심정을 밝혔다(황승주 인터뷰(2014년 9월 26일); 사의연,『사의연, 그 역사적 의의를 찾아서』, 17쪽).

109 같은 책, 17쪽.
110 심재식 인터뷰(2014년 10월 25일).

가 되어 도망을 다녀야 했다. 박정희 정권이 4월 3일 긴급조치 4호를 발동해 민청학련에 대한 초강경 대응을 지시하면서 기대했던 후속 시위도 이어지지 못했다. 황승주는 도망 다니는 것 자체보다 친형이 직장을 그만두고 자신을 찾으러 다닌다는 소식에 큰 부담을 느꼈다.[111]

어렵게 만난 양길승은 "너는 너무 드러나 있으니 자수하는 게 좋겠다"며 그에게 자수를 권했다.[112] 양길승이 이런 제안을 할 수밖에 없었던 것은 긴급조치 4호를 발동하며 박정희 정권은 "오는 8일까지 민청학련에 관련된 사람들이 자수를 해올 때는 불문에 붙인다"고 공표했기 때문이었다. 이는 이 기간 내에 자수를 하지 않으면 최대 사형까지 당할 수 있다는 뜻이었다.[113]

4월 8일이 다가오고 있었다. 그러나 황승주에게 자수를 선택한다는 것은 죽기보다 싫은 일이었다.

(양길승 선생으로부터) 그런 얘기를 들으니 되게 고민되더라고. 지금

---

111 사의연, 『사의연, 그 역사적 의의를 찾아서』, 17쪽.

112 황승주 인터뷰(2014년 9월 26일).

113 당시 관련자들을 사형까지 시키겠다는 협박에 전국이 술렁거렸다고 한다. ≪동아일보≫ 1974년 4월 6일 자 보도에 따르면 긴급조치 4호가 선포된 이후 이틀 만에 전국에서 34명이 자수하는 등 전국에서 민청학련에 관련되어 있거나 이들의 활동을 목격한 사람들의 자수가 이어졌다. 또 정부가 최종 자수 기한으로 정한 8일 밤 12시까지 전국에서 261명이 자진 신고하는 진풍경이 벌어졌다. 박정희 정권은 이들 중 194명을 훈방하고 나머지 67명에 대해 집중적인 조사를 벌였다(주희춘, "5.18광주민주화운동 마지막 수배자 윤한봉(1947.12~2007.6) 〈3〉", ≪강진일보≫, 2013년 4월 24일 자).

까지 얘기하는 게 부정하는 게 되고, 다른 사람들(을 배신하는 거 같고), 고민이 엄청나게 되더라고 …… 자수를 한다고 하면 빠져나오는 건 좋은데 이게 뭐 완전히 변절자가 되는, 이런 양심의 괴로움도 있고…….[114]

고민 끝에 황승주는 특단을 내렸다. 현실적인 조건 앞에 무릎을 꿇고 자수를 하지만 손가락을 잘라 혈서를 써 자신의 진정성을 역사에 남기기로 한 것이다. 그는 네 번째 손가락 한 마디를 자르고는 고통을 참으며 "지금 자수를 하지만 그것은 일신의 안녕을 위한 것이 아니라 일을 하기 위해서라고, 그래서 나의 충정을 보이기 위해 손가락을 잘라 혈서를 쓴다"고 썼다. 황승주는 장춘단 공원에서 양길승을 만나 혈서를 건넸다. 피에 젖은 종이를 받아든 양길승은 그 자리에서 황승주를 부둥켜안고 울었다. 그리고 다시 만날 때까지 서로 건강할 것을 약속하고 이날을 기억하기 위해 사진을 찍고 윤덕로 교수에게 전화를 걸었다. 윤덕로 교수를 만나 권이혁 학장을 거쳐 경찰에 넘겨진 황승주는 중앙정보부에 넘겨져 치료를 받으며 약 한 달간 취조를 받았다.[115]

그가 받은 육체적·정신적 고통은 이루 말할 수 없었다.

---

114 황승주 인터뷰(2014년 9월 26일).
115 황승주 인터뷰(2014년 9월 26일).

그 안에서는 질문도 많이 받고, 겁도 많이 먹고, 두드려 맞기도 하고 …… 그렇게 해가지고 그 친구들이(경찰들이) 그걸 다 캐내려고 …… 그때 이제 이철과 화염병을 좀 만들어야 되겠다는 얘기도 하게 되고 …… 내가 뭐 그걸 할 재주가 있는 것도 아니었고 그냥 데모할 때 놀래켜주기 위해서 화염병 같은 걸 만들었으면 좋겠다고 그런 얘기만 하고 지나간 거였거든. 근데 어떻게 얘기하다 그 얘기가 나왔어. 그랬더니 수사받을 때 이 친구들이 그걸 꾸며보려고 폭력적인 걸로 꾸며내려고 그렇게 했었는데……. (그런 말을 꺼낸 거 자체가) 좀 내가 실수한 거지. 하여튼 그렇게 해가지고 나와서 집에 있으니까 참 답답하기도 하고 …… 내가 인생을 어떻게 살아야 될까 그런 생각하면서…….[116][117]

한 달여간 취조를 받고 결국 기소유예로 풀려났지만 막상 그가 돌아갈 곳은 없었다. 가족들은 지칠 대로 지쳐 있었고, 운동권 학생들은 피차간 만나려야 만날 수도 없는 상황이었다. 서울대학교 의대에서도 그는 이미 제적되어 있었다.[118]

---

[116] 황승주 인터뷰(2014년 9월 26일).

[117] "황승주로하여금 섬광용 마그네슘 염소산가리 오레인산等의 各種 化工藥品을 原料로 이른바「말렌코프칵테일」을 製造케하여 數次의 反復實驗을 實施하는 한편……"(이철·유인태의 공소사실에 조작되어 기술된 황승주의 화염병 제조 관련 기사, ≪동아일보≫, 1974년 5월 27일 자).

[118] 황승주가 서울대 의대 복학을 허락받은 것은 제적된 지 20년 후인 1994년이었다 (김명수, "〔클릭 이사람〕(124) 설교하는 의사 황승주", ≪경향신문≫, 2001년 1월

4) 1974년 초 긴급조치 1·4호로 '함의봉' 불법화, 그리고 '송촌의료 봉사회'의 탄생

시험 거부 사건에서부터 민청학련 사건까지 서울대 의대생들이 관련된 일련의 사건들이 함의봉에 의해 주도적으로 이루어진 것은 아니었지만 황승주, 고한석, 이근후 등 함의봉 내 포진된 사의연 멤버들이 주도했다고 알려짐에 따라 함의봉마저 불법화되고 말았다.[119]

사의연의 주요 멤버들이 연행되거나 도피 혹은 유급으로 학교에 나올 수 없는 상황에서 함의봉까지 불법화되자 학내에 남은 멤버들의 운신의 폭은 극도로 좁아졌다. 아무리 온건한 활동이라 할지라도 사의연이나 함의봉 색채를 띠고는 어떤 것도 할 수 없었다.[120]

사의연 멤버들은 학내에서 활동을 재개하기 위해 그나마 학내에서 온건한 이미지를 구축하고 있던 박양희, 임현술, 안종국에게 새로운 조직을 만들게 하고 의료 장비 일체를 넘겨주었다. 이렇게 만들어진 것이 바로 송촌의료봉사회였다. 송촌이란 이름은 박양희가 지었는데, 근대 의학의 효시인 지석영 선생의 호를 따온 것이었다. 송촌의 초기 멤버로는 박영세, 홍승관, 황혜헌, 채종일, 홍성태, 안종국, 정경화, 고원순, 임현술, 박양희 등의 의학과 학생들과 간호학과 학생들이 참

12일 자).

119 고한석 인터뷰(2014년 9월 25일).

120 고한석 인터뷰(2014년 9월 25일).

여했다.[121]

박양희, 김삼용, 박세화는 송촌이 만들어지는 과정에 기여하기도 하고 관심도 많았지만 4·3 시위를 주도해 전면에 드러났다는 이유로 송촌 활동에 적극 참여할 수 없었다. 다른 사의연 주요 멤버들도 마찬가지였다. 주변 만류도 있었지만 사의연 멤버들 스스로도 송촌 활동을 자제했다. 새로 만든 송촌마저 학교에서 불법화하지 않을까 하는 걱정 때문이었다.[122]

이는 결국 송촌의 정체성과 활동을 사의연이 통제할 수 없음을 의미했다. 얼마 가지 않아 비정치적 모임으로 유지하기를 희망했던 멤버들이 주축을 이루게 되었다. 결국 이들과 그나마 송촌 안에서 영향력을 미치던 사의연 멤버들 사이에 송촌의 방향성에 대한 논쟁이 벌어졌고, 사의연과 송촌의 연계성을 부정하는 상황으로까지 악화되었다.[123]

하지만 일부 사의연 멤버들은 그 속에서 나름대로 사회적 문제의식을 녹여내기 위해 노력했고[124] 때로는 송촌 활동 속에서 좀 더 근본적인 문제의식을 갖게 된 사람들이 사의연에 접근해 오기도 했다.[125]

---

121 사의연, 『사의연, 그 역사적 의의를 찾아서』, 18쪽.

122 심재식 인터뷰(2014년 10월 30일).

123 심재식 인터뷰(2014년 10월 30일).

124 특히 고한석은 송촌에 사의연의 정체성을 녹여내기 위해 많은 정성을 기울였다(사의연, 『사의연, 그 역사적 의의를 찾아서』, 18쪽).

125 대표적으로 김종구가 있다. 김종구는 이후 1982년 송촌에 결합했다. 김종구는 송촌 활동을 하면서 지역사회 의료라는 모토하에 이루어지는 활동에 한계를 느꼈다. 이후

5) 1974년 진취적 진료 활동

송촌을 통한 활동 전개가 여의치 않자 사의연 멤버들은 개별적으로 학생운동에 가담하거나 종교계와의 연계를 통해 다시 새로운 진료 활동을 모색해나갔다. 이때 홍영진, 정필연 등이 새로운 멤버로 들어왔다. 특히 홍영진의 가입은 사의연 활동이 유지되는 데 중요한 디딤돌이 되었다.

홍영진(72학번)은 예과 때 주로 향린교회에서 활동했는데, 교회 대표로 참여한 1973년 나주 KSCF 여름 수련회에서 사의연이 농촌 활동을 위해 파견한 안종국, 임현술, 황승주를 만나면서 사의연과 인연을 맺었다. 이후 홍영진은 1974년 3월 1일 교회청년연합 시위를 준비하기 위해 성명서를 제작하는 과정에서 인쇄소 주인이 유인물을 신고하는 바람에 긴급조치 위반으로 잡혀가 일주일 동안 고초를 겪었다. 이러한 경험을 통해 좀 더 실천적 활동의 필요성을 느낀 홍영진은 1974년 3월부터 사의연 멤버로서 본격적인 활동을 시작했다.[126]

홍영진이 결합하면서 사의연은 송촌에 의존하지 않고도 새로운 진료 활동을 모색할 수 있었다. 송촌에 진료 기구를 다 넘겨준 상황이었

송촌 선배들과 얘기하다 우연히 옛 사의연 활동에 대해 듣게 되었고 송촌의 뿌리를 찾는 작업에 착수했다. 그러면서 김종구는 송촌을 개혁하기 위해 많은 노력을 기울였다(사의연, 『사의연, 그 역사적 의의를 찾아서』, 18쪽). 송촌에서 활동한 김용익도 송촌은 운동권 1세대인 사의연 멤버들이 탄압으로 인해 함의봉이 해체되면서 재조직한 서클이라고 인식하고 있다(≪프레시안≫ 2012년 8월 14일 자 기사 참조).

126 사의연, 『사의연, 그 역사적 의의를 찾아서』, 18쪽.

기 때문에 진료 활동을 재개하기 위해선 재정 지원이 절실했는데, 홍
영진이 이를 향린교회를 통해 해결했다. 송촌에 매진하는 멤버들을
제외한 사의연 멤버들은 향린교회 청년부와 함께 시흥 4동(석산동) 산
동네 판자촌 지역에서 진료 활동을 시작했다.[127]

당시 홍영진 등은 사의연의 정체성을 살려 진료 활동을 단순히 봉
사활동으로만 접근하지 않고 지역주민과 연계해 건설적인 계획을 추
진했다. 홍영진의 계획은 협동조합과 유사한 지역 조직을 구축하는
것이었다. 또한 석산동 산동네를 모범적인 사례로 만든 후 이를 확산
시키겠다는 장기적 계획까지 가지고 있었다. 이를 위해 홍영진은 황
승주와 함께 사업의 전체 그림을 그리고 전성환, 서광태 등과 며칠 밤
을 지새우며 지역 조사를 진행했다. 이렇게 기본 틀을 갖춘 후 김삼
용, 안용태, 박양희, 박세화 등의 사의연 멤버들과 서울대학교 간호학
과 학생 몇 명을 모아, 시흥 4동을 중심으로 본격적인 사업을 실행해
나갔다. 의료 활동에 따른 진료비는 주민들에게 일정한 액수를 받았
고 이를 다시 지역주민을 위해 사용할 수 있도록 예치했다.[128]

1년 정도 계획대로 활동을 지속했으나 학생 조직 차원의 활동인 이
상 여러 현실적 한계에 부딪힐 수밖에 없었다. 고민 끝에 사업 중단을
선언한 사의연은 그동안 쌓인 예치금을 일정 액수씩 지역 주민에게
나누어 주고 사업을 마무리 지었다. 실패로 끝나고 말았지만 의료 활

127 황승주 인터뷰(2014년 9월 26일).
128 황승주 인터뷰(2014년 9월 26일).

동을 중심으로 지역 조직 건설을 꾀한 진일보한 형태의 활동이었음은 분명했다.[129]

이 밖에도 1974년 사의연은 각종 노동자들과 서민을 위한 진료 활동을 펼쳤다. 동일방직 노동자들이 해고되어 구로에서 농성을 힘들게 이어나가고 있을 당시 의료 지원을 했으며, 인천의 일꾼교회에서도 안용태, 박양희 등이 노동자들을 위한 진료 활동을 전개했다. 그 밖에도 인천 도시산업선교회의 진료 활동에 박운식, 홍영진 등이 참여했으며,[130] 양요환, 고원순, 김주이, 홍성모 등은 성남 지역에서 주말 진료를 진행했다.[131]

---

129 황승주 인터뷰(2014년 9월 26일).

130 동일방직, 인천일꾼교회(노동자교회), 인천도시산업선교회, 이 세 곳은 인적·내용적으로 서로 긴밀한 상관관계가 있으며, 인천의 노동자운동과 민주화운동의 핵심 근거지였다〔김기선, 「1970~80년대 노동자들의 우등불 인천 도시산업선교회」, ≪희망세상≫, 9월호(2008), 12~18쪽〕.

131 이 진료팀은 연세대학교 김일순 교수를 강사로 모시고 양요환의 사회로 결성식을 열어 주민교회에서 진료사업을 시작했다. 당시 양요환은 군 복무 중이었기 때문에 군복을 입은 채 진료를 다녔다고 한다〔양요환 인터뷰(2014년 9월 30일)〕.

6. 1975년의 사회 상황과 사의연의 활동

1) 긴급조치 9호 시대의 시작[132]

1975년 한국 사회는 피를 쏟으며 시작했다. 4월 10일 민청학련 관련 인혁당 관계자 일곱 명과 학원 관련자 여장남 등 여덟 명에 대한 사형집행이 이루어졌다. 그리고 그다음 날 서울대학교 농대생인 김상진은 양심선언을 하고 할복자살했다.[133]

박정희 정권이 피를 닦는 방식은 단순했다. 더욱더 강력한 공안 정국을 조성하는 것이었다. 마침 4월 30일 베트남이 공식적으로 공산화됨에 따라 반공궐기대회와 안보궐기대회가 거의 매일같이 벌어지고 있었다. 박정희 정권은 이러한 국내외 정세를 바탕으로 5월 13일 긴급조치 9호를 선포했다. 유신체제에 대한 모든 비판과 정부, 대통령 등에 대한 모든 비판을 봉쇄시켰으며 학생의 정치 활동 자체를 금지했다.[134]

2) 교회와 연계된 활동 전개

공안 정국이 거세질수록 학생운동의 교회에 대한 의존도는 더욱

---

[132] 긴급조치 9호가 선포된 1975년 5월 13일부터 1979년 10월 26일까지를 '긴급조치 9호 시대'라 일컫는다(이재오, 『해방 후 한국 학생운동사』, 342쪽).

[133] 같은 책, 343쪽.

[134] 같은 책, 343쪽; 이창언, 『박정희 시대 학생운동』, 143쪽.

커질 수밖에 없었다. 제일교회, 수도교회, 새문안교회, 향린교회 등에서 당시 학생운동의 주요 세력들(나병식, 서경석, 김병곤 등)이 활동하고 있었다. 각 교회의 대학생부 대표 모임이 있었는데 교회청년연합으로, 새문안교회에서 주로 모임을 가졌다. 사의연 역시 이러한 움직임에 합류했다. 홍영진에 이어 김양호가 향린교회에서 대학생부 회장을 맡았고 정유곤, 황승주가 수도교회에서, 박운식이 의대기독학생회에서 활동했다.[135]

3) 서울대학교 의대 간첩단 사건

홍영진 등 새로운 멤버들의 결합과 1974년에 이어 1975년에도 교회와 연계된 활동이 이어지며 1974년 초 민청학련 사건으로 생긴 상처가 겨우 아물어가는 듯했다. 그러나 '긴급조치 9호 시대'라는 이름에 걸맞게 기존의 정치 공작과는 차원이 다른 대형 사건이 발생했다.[136]

1975년 11월 중앙정보부는 '서울대 의대 간첩단 사건'을 터트렸다. 서울대 의대 본과 2년생 재일교포 유학생 강종헌을 간첩으로 지목해

---

135 사의연, 『사의연, 그 역사적 의의를 찾아서』, 21쪽.
136 박정희 정권이 1975년 5월 13일 발표한 긴급조치 9호는 '긴조 9호'라는 약칭을 갖고 있을 만큼 앞서의 긴급조치보다 강도가 엄청난 조치였다[서동석, 「불교사회운동의 갈무리와 터닦기」, 《불교평론》, 12월호(1999), http://www.budreview.com/news/articleView.html?idxno=111].

이와 접촉한 학생 70여 명을 대거 연행하고 그중 16명을 구속했다. 일단 이 사건의 판결문에 나온 사건의 전말은 다음과 같다.

강종헌은 "1969년 고교 재학 시부터 1971년 2월 모국 유학 시까지 재일 지도원 김영일, 기무라, 기하라, 하시모도, 다까하시 등에게 주체사상 등 교양을 받고 포섭되어 하시모도, 기하라, 노무라 및 성명 미상의 지도원 등과 회합하고 김일성 찬가를 작사·작곡 제공해 북한의 ≪노동신문≫에 게재해 고무·찬양하고, 서울대학교 내에 통일혁명당 지부 건설 등의 지령을 받아 서광태, 황혜헌 등을 통해 시도하고, 박종렬을 통해 대군사업을 시도하고, 의과대학 사회의학연구회원을 중심으로 이우재의 논문 등을 통해 사회주의 및 주체사상을 교양하고 학생운동을 지도하고, 일본 신문에 게재된 김대중 연설문 등을 통해 북한을 고무 찬양하고, 서울대생의 시위 현황, ≪동아일보≫ 기사, 학원 내의 서클 활동, 전방 시찰 시 군부대 현황, 등 국가 기밀을 수집해, 재일 지도원에게 탐지 수집한 기밀을 제공하고, 지령·금품을 수수한 후 수차에 걸쳐 지령을 수행할 목적으로 잠입했다"는 것이다.[137]

그러나 사건의 진상은 전혀 달랐다. 사의연이 연루된 이 사건은 1972년까지 거슬러 올라간다. 1972년에 김삼용은 서광태에게 사의연 활동을 제안했고, 사의연은 서광태를 받아들이면서 당시 예과생들

137 진실화해를위한과거사정리위원회, 「진실화해위원회 제9차 보고서: 2010년 상반기 조사보고서」, 54쪽.

을 조직해나갔다. 이때 황승주의 지도하에 전성환, 정필현, 황혜헌, 송군식, 이민수 등 다섯 명이 사의연의 예과 조직으로 활동하게 되었다. 그러던 중 1973년 말 어느 날 재일교포 강종헌이 동기인 서광태에게 "일본에 있을 때 북한을 방문했다"는 등의 허풍스러운 말을 늘어놓았다. 그리고 이를 서광태가 황승주가 아르바이트를 하고 있던 고압산소실에 찾아와 이야기했다. 이근후, 양요환, 황승주 등은 당시 엄혹한 시대 정황상 이를 전해들은 것만으로도 조직에 문제가 될 수 있다고 판단해 서광태에게 이를 학생처장에게 신고하라고 했다.[138] 당시 신고 이후 별다른 조치는 없었고 자연스럽게 이 사건은 잊혀져갔다. 그러나 2년이 지난 1975년 말 이 에피소드가 '서울의대 간첩단 사건'이라는 공안 사건으로 둔갑해 나타난 것이다. 그리고 이 사건에서 강종헌이 조직한 간첩단의 주요 조직원으로 검찰에 의해 지목된 사람들은 바로 황승주가 지도한 사의연의 예과 조직 멤버들이었다.[139]

이 사건과 관련해 연행된 70여 명의 서울대학교 의대생은 조사 과정에서 대부분 불구속 기소로 풀려났다. 그러나 사의연 멤버들은 그

---

138 이후 조사 과정에서 교수에게 얘기한 걸로 신고가 되는 것인지 아닌지로 논란이 일었다고 한다. 이근후 등은 학생이 담당 교수에게 얘기한 것으로 신고가 된 것이 아니냐고 주장했다[양요환 인터뷰(2014년 9월 30일)].

139 1975년 11월 29일 당국이 발표한 서울의대 간첩단 사건 관련자는 모두 14명이었는데, 이들의 명단은 다음과 같다. 강종헌, 서광태, 전성환, 황혜원, 황승주, 진관보, 정필현, 이인수, 송군식, 장우환, 전영훈, 이근후[고한석 인터뷰(2014년 9월 25일); 황승주 인터뷰(2014년 9월 26일); 진실화해를위한과거사정리위원회, 「진실화해위원회 제9차 보고서: 2010년 상반기 조사보고서」 참조].

렇지 못했다. 끈질긴 취조를 받았으며, 전성환, 서광태, 황혜헌은 간첩 방조죄가, 황승주, 양요환, 이근후는 불고지죄가 적용되었다. 최종적으로 강종헌, 서광태, 전성환, 이근후, 황혜헌, 진관보, 전영훈, 이인수, 송군식, 정필현, 황승주, 양요환, 나병식(서울대 문리대), 박종렬(고려대) 등이 구속되었고 1974년 시험 거부 사건 이후 잠적해 있던 양길승에 대해서도 추가 수배 조치가 내려졌다.[140]

조작 사건이었던 만큼 판결 역시 짜깁기에 급급했다. 황승주는 간첩 불고지죄에 대해서는 무혐의 처분을 받았으나 불온서적을 봤다는 이유로 반공법 위반, 그리고 김지하의 양심선언을 돌려봤다는 이유로 긴급조치 9호 위반이 더해져 3년 징역에 집행유예 5년을 선고받았다.[141] 이근후 역시 간첩 불고지죄에 대해서는 무혐의 처분을 받았으나 김지하의 양심선언문을 소지하고 있었다 하여 불온문서 소지죄로 징역 1년을 선고받았다.[142] 양요환은 군대에 있다가 7년 구형에 3년형을 받고 육군 교도소에 수감되었다. 다행히 2심에서 고등법원 판사가 무죄를 선고하고는 옷을 벗는 양심적 행위를 한 덕분에 간첩 불고지죄는 무혐의가 되었으나 역시 불온문서 소지죄로 1년형을 선고받았다.[143] 양길승은 제일 나중에 잡혔는데 그 역시 간첩 사건과 관련해

---

140 사의연, 『사의연, 그 역사적 의의를 찾아서』, 19~20쪽.

141 최종적으로는 1976년 6월경 석방되었다〔황승주 인터뷰(2014년 9월 26일)〕.

142 이후 이근후는 1977년 봄에 석방되었다(사의연, 『사의연, 그 역사적 의의를 찾아서』, 20쪽).

143 그는 불온서적 소지죄에 대해서 상고했는데 상고가 끝날 때까지 군인 신분을 벗어날

서는 무죄를 받았다. 그러나 김지하의 양심선언문을 배포하고 서광태에게 사회주의 사상을 주입시켰다는 이유로 조사 과정에서 혹독한 고문을 받아야 했다.[144] 또한 4학년이었던 고한석은 집 앞에서 연행되어 취조 고문을 받고 의사 국가고시 전날에서야 풀려나는 고초를 겪었다. 그는 다행히 시험에 합격해 군에 입대했으나 간첩단 사건으로 조사받은 경력이 있다는 이유로 군의학교에서 퇴교당하는 수모를 겪어야 했다.[145]

1976년 1월 초. 의과대학 졸업시험까지 다 마쳤는데 동네 사람이 동네 입구에서 나에게 집에 가면 안 된다고 가르쳐주었습니다. 기관원이 나를 잡으러 와 집 앞을 지키고 있다고요. 그런데 나는 억울했습니다. 잘못한 것도 없었으니까요. 게다가 나는 의사가 되려면 의사 국가시험도 치러야 되는 상황이었거든요. 그래서 결국 집에 갔고 그곳에서 경찰에 잡혀갔습니다. 남영동 안가로 가서 가자마자 무릎을 꿇리고 무릎 사이에 통나무 끼워놓고 군홧발로 내 허벅지를 짓밟았습니다. 무릎 인대를

수가 없어 보충대에 있으면서 계속 상고를 진행했기 때문에 군대에서 총 5년이라는 시간을 보내야 했다〔양요환 인터뷰(2014년 9월 30일)〕.

144 양길승은 예전 서광태 등과 토론하면서 나왔던 얘기 중에 고려청자가 부르주아 문화의 산물이란 얘기를 한 적이 있었는데 이를 두고 서광태가 사회주의 교육을 받았다고 진술해서 많은 고초를 겪었다고 한다. 서광태는 당시 모진 고문으로 정신질환을 앓을 정도의 상황이었다(사의연, 『사의연, 그 역사적 의의를 찾아서』, 20쪽).

145 같은 책, 20쪽 참조; 고한석 인터뷰(2014년 9월 25일); 황승주 인터뷰(2014년 9월 26일).

강제로 찢는 그 고통은 참을 수 있었습니다. 그다음 백지를 내놓고 대학교 때 생활에 대한 일기를 쓰라는 거예요. 왜 그렇게 말해서는 안 되는 것만 떠오르는지……. 이런저런 글들로 채우는 동안 72시간 잠을 안 재우는데 속으로 제발 나를 지켜달라고 기도하며 견뎠습니다. 그러고 나서 서빙고로 이송됐는데 20일 간 햇빛을 못 보게 가두어 놓더니 나오라고 하더군요. 그러더니 전기의자에 앉히는 거예요. 그 공포는 표현을 할 수가 없습니다! 1시간의 공포……. 그리고 나서 엎드려 뻗쳐놓고 야구방망이로 엉덩이와 허벅지를 마구 때렸습니다.[146]

간첩단 사건 자체로만 보면 최종적으로는 강종헌, 박종렬, 서광태 세 명만이 실형을 살았다.[147] 하지만 사의연 멤버들이 이 과정에서 받은 고통은 이루 말할 수 없었다.[148] 특히 서광태가 당한 고문은 끔찍

---

[146] 고한석이 자신의 페이스북(2012년 1월 13일)에 남긴 회고록(https://www.facebook.com/hansuk.ko50?fref=ts).

[147] 강종헌 등 피고인들과 검사는 서울고등법원에 항소했고, 서울고등법원은 1976년 10월 19일 제1차 공판을 시작으로 1976년 11월 16일까지 5차에 걸쳐 공판을 개최하고, 서광태에 대해 징역 8년과 자격 정지 8년, 박종렬에 대해 징역 5년에 자격 정지 5년, 황승주에 대해 징역 2년에 집행유예를 선고하면서, 사형이 선고된 강종헌 및 여타 피고인들의 항소를 기각했다(진실화해를위한과거사정리위원회, 「진실화해위원회 제9차 보고서: 2010년 상반기 조사보고서」 참조). 강종헌은 결국 2013년 서울고법 재심에서 무죄 판결을 받았다(≪법률신문≫, 2013년 1월 24일 자).

[148] 간첩단 사건 자체로는 서광태를 제외한 사의연 멤버들 모두 집행유예로 석방되었으나 불온서적 보관죄 혹은 긴급조치 위반 등으로 처분받은 사람이 많았으며, 취조 과정에서 혹독한 물리적 고문을 받은 이도 적지 않았다. 또한 취조 과정에서 서로에 대해 언급한 것이 꼬리에 꼬리를 물며 다른 멤버들의 취조 및 고문의 이유가 되었는데

했다. 서광태는 1975년 11월 29일 토요일 아침 여느 때와 마찬가지로 강의실로 들어가려던 찰나 수사관들에 연행되어 남영동 지하실로 끌려갔다. 지하실에 도착하자마자 발길질이 쏟아졌다. 구타와 함께 1주일간 잠을 재우지 않는 고문이 이어졌다. 실신하여 병원에 실려 간 다음부터는 본격적인 세뇌 작업이 진행되었다.

정신이 들락말락 하면, 무슨 신문에 북괴라고 쓴 옆에다 별표(인공기 표식)를 하여 다시 간첩이라는 망상에 빠지게끔 세뇌하였습니다. …… 이제는 간첩이 된 것입니다. …… "강종헌이 알지?" "잘 모릅니다" "야, 이 새끼야, 왜 몰라!" 무수한 폭행에 피투성이가 된 얼굴을 하고 화장실에 가니, 또 다른 나의 벌건 선혈이 뚝뚝 바케스째 기다립니다.[149]

그는 그렇게 간첩이 되었다.[150]

서광태를 비롯한 예과 멤버들을 지도했던 황승주에 가해진 고문 또한 적지 않았다.

이는 당시에도 그리고 그 이후에도 개인적·조직적으로 상당한 상처를 남겼다(고한석 인터뷰(2014년 9월 25일); 황승주 인터뷰(2014년 9월 26일); 양요환 인터뷰(2014년 9월 30일 참조).

149 서광태의 상고 이유서에 나온 자신이 당한 고문에 대한 회고 부분(김주완, "〔지역사다시 읽기 73〕박정희 시대-서울의대 간첩단사건", ≪경남도민일보≫, 2001년 4월 24일 자).

150 서광태는 8년형을 선고받고 복역 중 1979년 10·26 사건으로 박정희가 사망하자 석방되었다.

그때 인혁당 사건처럼 죽은 사람들이 부지기수였거든. 아, 끝났구나. 죽음이구나. 달걀을 구둣발로 밟아서 탁 깨지는 것처럼 절망감에 사로잡혀서 …… 보안사령부 지하에 딱 잡혀가지고 그렇게 되니까 절망밖에 없더라고. 아, 이렇게 해서 다 끝나는구나. 완전히 이제 허탈한, 희망이 아무것도 없고. 그래서 사람이 패닉에 빠져 돌아버린다고 하는 것을 그때 체험을 했던 거지. 갑자기 온 충격이니까. 그래서 엄청난 고통이었지. 또 감당할 수 없는 고문이 밀려올 거고. 그러니까 미쳤으면 좋겠어. 미치면 그걸 모르잖아. 그러니까 정신이 찢어지는 거야. 살길이 없는 거야 이제.[151]

그러나 사의연 멤버들이 풀려난 후 패배감에 좌절만 한 것은 아니었다. 또다시 고초를 겪을 수 있다는 공포감이 몰려들었을 텐데도 불구하고 자신들이 취조 과정에서 고문을 당했음을 공개적으로 폭로하며 감옥에 남아 있는 서광태를 위해 진정서를 제출한다.

그럼에도 불구하고 민청학련 사건에 이어 1년 반 만에 터진 서울대 의대 간첩단 사건은 사의연이 감당하기에 너무나 큰 사건이었다. 멤버 각자와 조직이 입은 상처는 너무나 커서 위와 같은 진정서를 쓴다고 회복될 수 있는 수준의 것이 아니었다.

이는 서울대 의대만의 상황도 아니었다. 박정희 정권은 1975년 강

---

151 황승주는 이러한 절망감을 극복하기 위해 당시 감옥에서 성경책을 읽었는데, 이것이 계기가 되어 출소 후 신학대학교에 입학해 목사가 되었다〔황승주 인터뷰(2014년 9월 26일)〕.

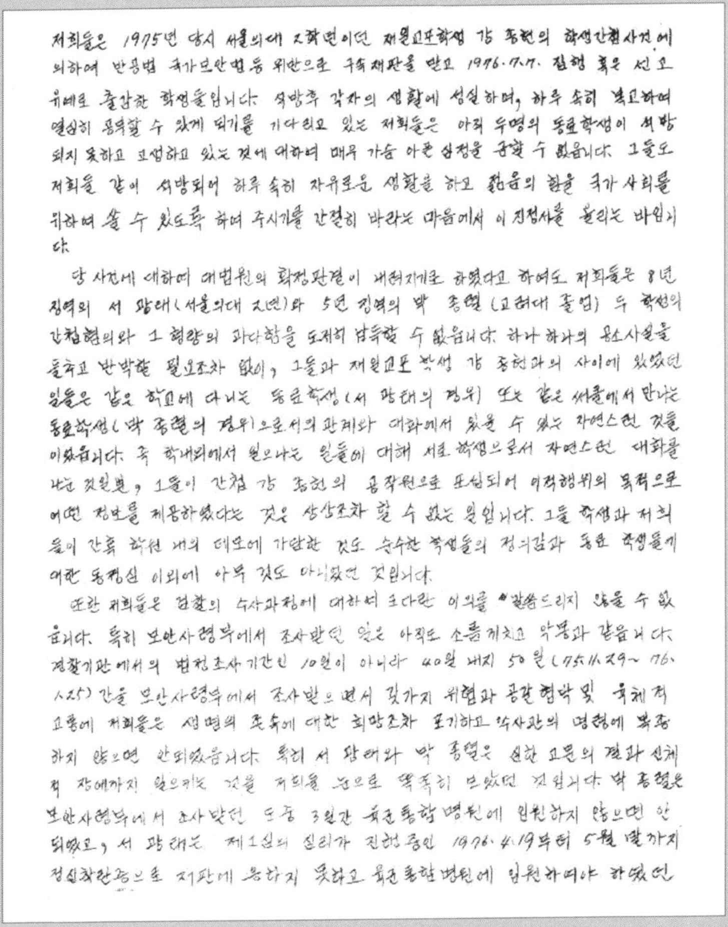

저희들은 1975년 당시 서울의대 재학생이던 재현교포학생 강 동현의 학생간첩사건에 의하여 반공법 국가보안법을 위반으로 구속재판을 받고 1976.4.5. 집행 혹은 선고 유예로 출감한 학생들입니다. 석방후 각자의 생활에 열성하며, 하루 속히 복교하여 열심히 공부할 수 있게 되기를 기다리고 있는 저희들은 아직 두명의 동료학생이 석방되지 못하고 고생하고 있는 것에 대하여 매우 가슴 아픈 심정을 금할 수 없읍니다. 그들도 저희들 같이 서방되어 하루 속히 자유로운 생활을 하고 참음의 환경 국가 사회를 위하여 쓸 수 있도록 하여 주시기를 간절히 바라는 마음에서 이 진정서를 올리는 바입니다.

당 사건에 대하여 대법원의 확정판결이 내려진게로 확정다고 하여도 저희들은 8년 징역의 서 망대(서울의대 재학)와 5년 징역의 박 총련 (고려대 졸업) 두 학생의 간첩혐의와 그 혐의의 타당함을 도저히 감복할 수 없읍니다. 하나 하나의 공소사실을 들추고 반박할 필요조차 없이, 그들과 재현교포 학생 강 동현과의 사이에 있었던 일들은 같은 학교에 다니는 동료학생 (서 망대의 경우) 또는 같은 서울에서 만나는 동료학생 (박 총련의 경우) 으로서의 관계나 대화에서 있을 수 있는 자연스런 것을 이용했읍니다. 즉 학내에서 일어나는 일들에 대해 서로 학생으로서 자연스런 대화를 나눈 것일뿐, 그들이 간첩 강 동현의 공작원으로 포섭되어 이적행위의 목적으로 어떤 정보를 제공하였다는 것은 상상조차 할 수 없는 일입니다. 그들 학생과 저희들이 간혹 학원 내의 데모에 가담한 것도 순수한 학생들의 정의감과 같은 학생들에 대한 동정심 이외에 아무 것도 아니었던 것입니다.

또한 저희들은 검찰의 수사과정에 대하여 또다른 이의를 제기드리지 않을 수 없읍니다. 육리 보안사령부에서 조사받던 일은 아직도 소름 끼치고 악몽과 같읍니다. 경찰기관에서의 범행 조사 기간인 10일이 아니라 40일 내지 50일 (75. 12. 29 ~ 76. 1. 2.5) 간을 보안사령부에서 조사받으면서 갖가지 위협과 공갈 협박 및 육체적 고통에 저희들은 생명의 촛축에 대한 회망조차 포기하고 수사관의 명령에 복종하지 않으면 안되었읍니다. 육리 서 망대와 박 총련은 심한 고문의 결과 신체적 장애까지 입으면서 것을 저희들 눈으로 똑똑히 보았던 것입니다. 박 총련은 보안사령부에서 조사 받던 도중 3일간 육군통합 병원에 입원하지 않으면 안되었고, 서 망대도 재소감의 심리가 진행중인 1976. 4. 19부터 5월 말까지 정신착란증으로 지판에 응하지 못하고 육군 통합 병원에 입원하여야 하였던

그림 3-10 **서울의대 간첩단 사건으로 구속 재판을 받고 출감한 학생들이 올린 진정서**
자료: 민주화운동기념사업회(http://db.kdemocracy.or.kr/View?pRegNo=00521351) 제공; 금영균 원작.

종헌 이외에도 11월 22일 발표한 1차 모국유학생간첩 사건에서 김
오자(부산대), 김철현(한신대), 김종태(서울대), 김원중(서울대), 허경조
(서울대 의대), 이원이(부산대), 장영식(서울대 법대), 김동휘(가톨릭대 의
대), 강종건(고려대), 최연숙(재외국민교육연구소), 백옥광(재외국민교육
연구소)을 간첩으로 몰았다. 1975년 12월 11일에는 2차 모국 유학생
간첩사건을 터트려 이철(고려대 대학원), 이수희(재외국민교육연구소),
조득훈(재외국민교육연구소), 이동석(한국외대), 양남국(서울대)을 잡아
넣었다.[152]

더 이상 대학가에 조금이라도 이념적 색채를 띤 서클은 생존할 수
없었다. 간첩단 사건이라는 태풍이 휩쓸고 간 후 사의연에 남은 멤버
는 홍영진, 임현술, 박운식 등이 전부였다.[153]

---

[152] 1970년대에 이르러 북한의 대남 전략이 바뀌고 또 7·4공동성명 등의 영향으로 예전
처럼 많은 수의 간첩 남파가 이루어지지 않았다. 일거리가 줄어든 공안기관들은 존
립의 기반을 찾아, 그리고 예전 성수기에 중독된 환상에서 새로운 일거리를 만들어
냈다. 그것은 자체적으로 간첩을 조작해내는 일이었다. 이런 상황에서 독재정권의
추악한 하수인들은 납북 어부와 재일동포 모국 유학생 등을 마녀사냥의 표적으로 삼
았다〔안병욱, 「한국의 과거사정리와 재일교포 조작간첩 문제」, 『'유신체제와 재일
동포유학생 간첩단 사건의 진실과 의미' 한일공동심포지엄 자료집』(2012), 3쪽〕.
[153] 사의연, 『사의연, 그 역사적 의의를 찾아서』, 20쪽.

4

1970년대 후반,
그리고 1980년대 초 사회 상황과 사의연의 활동

1. 1975년 이후의 사회 상황

1975년 김상진을 추모하며 독재 타도를 외쳤던 이른바 '오둘둘 (5.22) 사건' 이후 서울대학교에서는 시위가 자취를 감추었다. 위수령 과 긴급조치, 간첩 조작 사건 등 연이은 강권 조치의 결과였다. 게다 가 서울대학교는 1975년부터 의과대학만 연건동에 남기고 관악캠퍼 스로 이전하기 시작했다.[1] 학생운동의 온상인 이념 서클은 해체 또는 무력화되고, 학생운동의 주요 리더들은 수배, 징집, 제적, 투옥 등으 로 인해 학원으로부터 격리되었다. 데모할 사람은 '아무도 남지 않은'

---

1   서울대학교 60년사 편찬위원회, 『서울대학교 60년사』(서울대학교, 2006), 1040쪽.

캠퍼스에서는 상주 기관원들이 주인 행세를 했다. 학생들 사이에 "학교가 학생 반 짭새 반"이라는 자조가 나올 정도였다.[2]

1976년과 1977년도 크게 다르지 않았다. 1977년 서울대학교 관악 캠퍼스에서 열린 시위가 단 한 차례(1977년 10월 관악산 시위)밖에 없었을 정도로 학생운동은 침체기를 겪었다. 당시는 유인물조차 뿌리기 어려운 분위기였다. 자연히 언더 서클들은 대외적 활동보다는 세미나를 통한 학습에 집중했다. 이마저도 철저한 보안 속에서 진행해야 했을 만큼 위기의식이 팽배했다. 대부분의 학생운동 그룹들은 또다시 종교계의 끈을 잡거나 야학 등으로 눈을 돌렸다.[3]

사의연 역시 더 이상 그 이름을 유지하며 활동을 전개할 수 없었다. 실질적인 사의연 멤버로서 스스로 멤버십을 갖고 활동을 전개한 사람은 홍영진, 임현술이 마지막이었다. 즉, 1970년대 후반 그리고 1980년대 초 서울대 의대 내에서 사회문제에 접근한 활동들은 사실상 사의연이라는 이름과 무관하다고 할 수 있다. 하지만 몇몇에 의해 후배들에 대한 활동 지도와 세미나가 이루어지며 가늘게나마 맥은 이어질 수 있었다.[4]

---

2   신동호, "〔긴조 9호세대 비화〕귀신이 데모를 주동하다", ≪뉴스메이커≫, 584호 (2004.7.29).

3   사의연, 『사의연, 그 역사적 의의를 찾아서』, 21쪽.

4   사의연의 맥을 잇기 위해 가장 노력한 사람은 고원순이었다. 대부분의 창립 멤버가 군대에 가거나 레지던트 생활을 하거나 혹은 유신의 막바지 힘겨운 수배 생활을 할 때, 바쁜 와중에도 후배들을 추스르며 사의연의 희미한 끈을 이어나가려한 그의 노력은 이후 멤버들이 복학하며 사의연의 정신이 다시 이어지기까지 큰 힘이 되었다

2. 박정희 정권 말 사의연의 맥

1) 75학번 그룹

양길승의 회고처럼 간첩단 사건 이후의 사의연은 마치 폭탄 맞은 자리 같았다. 하지만 폭탄 맞은 자리에도 새싹이 돋아나듯이 자생적으로 75학번 그룹에서 사회문제에 접근하는 움직임이 일어났다. 이는 김양호가 주도해 백도명, 정유곤, 안세현, 양승오 등이 함께 세미나를 했다. 마침 정유곤이 수도교회에 다니고 있어 그곳에서 모임을 가졌다.[5]

75학번 그룹은 이후 사의연 멤버인 홍영진, 임현술 등과 연결되어 그들로부터 지도를 받았다. 김양호는 당시 홍영진과 같이 향린교회에서 활동하면서 자연스럽게 사의연과 연을 맺었다.[6]

〔심재식 인터뷰(2014년 10월 30일)〕.

5 정유곤은 처음 고전연구회에 있으면서 사회문제에 별로 관심이 없었으나 김양호가 사회과학을 공부해보자는 얘기에 1976년에 처음 모임에 나가 같이 공부하게 되었다. 또 고등학교 동창의 권유로 1977년부터 수도교회에 나가게 되었는데 당시 주임목사인 김상근 목사가 많은 도움을 주었다고 한다(사의연, 『사의연, 그 역사적 의의를 찾아서』, 22쪽).

6 김양호는 이때를 회상하면서 홍영진은 사회과학적 인식에 충실한 느낌이었고, 임현술은 직감적인 행동과 사고를 하는 마치 시인 같았다고 한다. 특히 임현술은 국가고시를 일주일 남기고도 참석해 사의연의 정체성을 후배들에게 전달하기 위해 애를 썼다(같은 책, 22쪽).

2) 76학번 그룹

당시 76학번으로 같이 모인 사람들은 배상수, 박신, 최수중, 최수전, 최두호, 김영권 등이었다.[7] 그 밖에 76학번에는 이후 사의연 활동이 재개되는 데 적지 않은 기여를 한 고경심과 김록호가 있었다. 고경심과 김록호는 예과 때 정유곤과 함께 관악캠퍼스에 있던 고전연구회에서 활동했다. 그리고 둘은 졸업 즈음에 76학번 모임에 결합해 진료활동을 같이 하게 되었다.[8]

76학번 그룹은 1977년 1월 겨울방학을 이용해 일본어를 배우기 위한 합숙에 들어가기도 했다. 당시만 해도 제대로 된 사회과학 번역서가 없었기 때문에 사회과학 학습을 위해서는 일본어를 익혀야 했다. 천리포에서 진행된 이 합숙에는 김양호, 백도명, 정유곤, 안세현, 양승오, 홍영진, 임현술 등이 결합했다. 당시 김양호가 일본어를 구사할 줄 알았기 때문에 학습을 주도했다.[9]

---

7   같은 책, 22쪽.
8   고경심, 김록호, 정유곤이 다니던 고전연구회는 관악캠퍼스에 있던 다학과 서클로 논어, 노자, 장자 등 동양 고전을 주로 읽고 공부하는 인문 계열의 서클이었다(2015년 4월 3일 필자와의 메일을 통한 고경심의 증언).
9   사의연, 『사의연, 그 역사적 의의를 찾아서』, 22쪽.

3) 77학번 그룹[10]

배상수, 박신 등이 이끌던 76학번 그룹은 77학번 그룹을 조직해나
갔다. 1978년 봄에는 당시 본과 4학년이던 박운식이 중심이 되어 본
과 3학년 이정희, 본과 2학년 백도명, 정유곤, 김양호 등의 75학번들
과 배상수, 최수중, 최수전, 박신 등의 76학번, 예과 2학년이던 신상
진, 김기호, 김대중, 김응태, 서홍관, 유준현 등의 77학번, 그리고 홍
예원, 정상은, 은영 등의 간호학과 학생들이 주로 모였다. 학습은 주
로 종속이론, 파울로 프레이리(Paulo Freire)의 교육이론, 비센트 나바
로(Vicente Navarro)의 자본주의 의료 비판서, 경제사요론, 한국 농촌
문제의 인식, 한국 노동운동사 등을 강독했다.[11]

박신을 중심으로 한 수도교회 팀과 정유곤을 중심으로 한 사의연
팀 등 약 20여 명이 수도교회 김상근 목사의 주선으로 충청도 음성에
서 농활을 진행하기도 했다.[12] 그러나 의사로서의 역할이나 특수성은

---

10 같은 책, 23~24쪽 참조.

11 1978년 여름, 77학번인 신상진에게 76학번 멤버들이 활동을 제안했다. 이에 동의한
    신상진이 김기호에게, 김기호가 김대중에게, 몇 달 후 서홍관에게 제의했다. 이렇게
    꾸려진 77학번 그룹은 사회과학 학습을 진행하며 사의연 맥을 이어나갔다. 이들은
    주로 수도교회에 모여 학습하고 활동을 논의했다. 신상진은 불교학생회 일을 했는데
    1982년 불교의 '민중사원화 사건'으로 구속되기도 했다. 이 사건은 불교 계열 전국
    대학생 청년조직으로 전국적으로 200여 명이 조사를 받고 스님을 포함 세 명이 구속
    되었으며 신상진은 국보법으로 기소되어 징역 1년을 살았다.

12 전남 승주군이라는 얘기도 있다. 이후 가을 농활, 1979년 농활까지의 장소는 재확인
    이 필요하다.

배제한 농활이었다. 의대생들이 이럴 필요가 있느냐는 의견이 제기되기도 했으나, 진료 활동으로는 농촌문제를 제대로 볼 수 없다는 지적과 의료를 매개로 농촌문제가 왜곡될 수 있다는 의견에 따라 순수한 육체적 봉사를 하는 농활로 정리되었다.

농활에서는 의료 문제보다 주로 안병직의『3·1 운동』[13] 등을 학습하면서 한국 사회 지식인으로서 어떻게 살아가고 활동할 것인가에 대한 토론을 진행했다. 물론 사의연이 농활 때마다 고수해온 농촌생활 실태 조사나 주민과의 대화도 진행했다. 이후 일회성 농활을 극복하고자 전남 승주군에 2박 3일 동안 추수기 농활도 진행했다. 이때는 서홍관을 대장으로 백도명, 조홍준, 김기호 등과 간호학과의 오진주 등이 참여했다.

1978년 2학기부터는 지도 그룹을 바꾸어 75학번 백도명, 김양호, 정유곤이 학습지도를 맡았고 가끔씩 안세현, 양승오가 함께 거들었다. 이때는『자본주의 구조와 발전』,[14] 등을 교재로 학습했다.

합숙 수련회도 여러 차례 진행되었다. 홍영진, 김양호, 정유곤, 백도명 등이 김진홍 전도사를 따라 서산으로 합숙 수련회를 갔으며, 1978년 12월에는 홍영진, 임현술, 정유곤, 백도명, 김양호 등이 76,

---

13 안병직,『3·1운동』(한국일보사, 1975).

14 1977년에 일본에서 나온 책으로 당시 운동권은 이 책을 '자구발'로 불렀으며, 속성으로 일본어를 배워가며 학습했다. 1984년『자본주의 경제의 구조와 발전』이란 제목으로 정식 번역되어 출간되었다〔코모부찌 마사아키,『자본주의 경제의 구조와 발전』, 신석호 옮김(풀빛출판사, 1984)〕.

77학번 의학과 그룹과 홍예원, 정상은, 조현, 은영 등의 77학번 간호학과 그룹을 모아 남양만에서 합숙 수련회를 진행했다. 당시 합숙 수련회에서는 주로 폴 스위지(Paul M. Sweezy)의 경제 이론서들과 해방신학 계열의 책을 학습했다.[15]

4) 78·79학번에 대한 지도

78학번에 대한 지도는 배상수, 박신 등 76학번이 맡았다. 이들의 지도를 받은 78학번으로는 조홍준, 홍수종, 변재준, 김태홍, 최경숙(간호학과), 오진주(간호학과) 등이 있었다.[16]

1979년 여름에도 농활을 진행했는데 장소는 순천의 송광사 근처에 있는 마을이었다. 최고 학번으로는 박운식이 참여했으며 75·76·77·78 그리고 79학번 일부가 참여했다.[17]

1979년에는 농활 외에도 원주 교구에서 활동하고 있는 지역사회 간호사들과 함께 지역 활동을 진행했다. 당시 강원도에서 진료 활동을 하며 신용협동조합을 꾸리고 있는 지역 간호사들이 있다는 소식을

---

15 정유곤은 남양만이 당시 사람들이 이주한 이주 단지였는데 이들이 어떻게 살고 있는지 가서 볼 겸 학습도 하기 위한 의도로 이곳에 가게 되었다고 한다.

16 1980년 휴교령이 떨어졌을 당시 김양호(75학번)의 지도로 김종구(77학번), 김창엽(78학번), 조홍준(78학번) 등을 모아 폴 스위지의 책으로 정치경제학 세미나를 진행하기도 했다. 조홍준, 김창엽은 1980년대부터는 의대기독학생회에서 활동했다(사의연, 『사의연, 그 역사적 의의를 찾아서』, 24쪽).

17 같은 책, 24쪽.

듣고 새로운 형태의 활동을 경험해보자는 의도로 각 지역에 한 명씩 참여했다. 이 활동에는 백도명, 김양호, 안세현, 정유곤 등이 참여했는데, 이때 백도명은 훗날 신천연합의원의 보건 간호사로 활동하는 최수자와 함께 활동했다.[18]

이 밖에 홍영진, 김양호 등이 동일방직 노동자들을 대상으로 진료 활동을 했으며, 성남에서는 고원순이 당시 성남의 상근 간호사였던 김화순과 함께 진료 활동을 진행했다. 1970년대 말 이후 계속적으로 이루어져 오던 상계동 산동네 진료 활동에는 조홍준, 김창엽 등이 참여했다.[19]

79학번은 77학번이 지도를 맡았다. 77학번인 신상진이 관악 도서관 앞 제과점에서 처음 79학번 서홍을 소개받은 이후 서홍이 이승민 등을 소개하면서 79학번 그룹이 형성되었다. 이들은 MT를 다니면서 학습을 진행했는데 주로 신상진, 김기호가 학습지도를 맡았고 79학번 서홍, 하성호, 이승민 등이 참가했다.[20]

5) 박정희 시대의 종언

1975년 11월 '서울의대 간첩단 사건'이 있을 무렵 부산대학교에도

---

18 최수자 인터뷰(2014년 9월 30일).
19 사의연, 『사의연, 그 역사적 의의를 찾아서』, 24쪽.
20 같은 책, 24쪽.

재일동포 유학생 김오자에 대한 간첩 조작 사건이 터졌다. 이 사건 이후 부산대학교의 학생운동은 초토화되었고, 학내에는 4년 동안 유인물 한 장 뿌려지지 않았다.[21]

그러나 1979년 10월 15일 그 조용하던 부산대학교에 유인물이 뿌려지기 시작했다. 그리고 이튿날 도서관에서부터 학생 200여 명이 술렁이기 시작했다. 심상치 않다고 판단한 교수들이 이를 막아섰지만 학생들은 "어용 교수 물러가라"는 구호로 응수하며 운동장으로 뛰쳐나갔다. 유신철폐, 독재 타도 구호가 울려 퍼지자 시위대는 순식간에 4000명으로 불어났다. 4년 동안 굳은 몸임에도 불구하고 이들은 최루탄을 발사하는 경찰들을 뚫고 가두로 진출했다.[22]

시민들은 거리로 쏟아져 나온 학생들에게 박수를 보내며 합류하기 시작했다. 1972년 10월 17일 비상계엄으로 시작된 유신체제는 꼭 7년 후인 1979년 10월 18일 다시 비상계엄을 선포했다. 그러자 이번엔 마산이 움직였다. 때밀이, 구두닦이 등 소위 '불량성향자'들로 불리던 사람들이 대학생으로 가장해 참여했고 서민, 자영업자까지도 시위대에 합류했다. 결국 10월 16일 부산대학교에서 일어난 작은 시위는 5만 군중이 참여하는 격렬한 항쟁으로 발전했다. 그리고 이는 10·26이라는 독재의 종언을 견인했다.[23]

---

21 한홍구, "한홍구의 유신과 오늘-⟨38⟩ 부마항쟁", ≪한겨레≫, 2013년 5월 3일 자.

22 이재오, 『해방 후 한국 학생운동사』(파라북스, 2011), 382~383쪽.

23 중앙정보부장 김재규는 부마항쟁이 일어나자 급거 부산으로 내려와 현지를 둘러보고 생생한 보고를 받았다. 변호인이 작성한 '항소 이유서'에 따르면 김재규는 부마항

6) 10·26 이후 한의연의 결성

1979년 10·26 이후 사의연의 맥을 이어오던 사람들 사이에서 합법적 활동 공간에 대한 고민이 대두되었다. 공식적인 서클로서의 활동이 아닌 것에 부담을 느낀 일부 학생들이 기독학생회로 빠져나가는 것에 대한 고민이 있었던 데다 다른 언더 서클들이 서서히 합법적 공간으로 나오고 있었기 때문이다. 이러한 고민의 결과 '한국의료문제연구회'라는 새로운 이름의 서클이 만들어졌다. 학생운동에서 덜 노출된 김용태(77학번, 당시 본과 2학년)가 회장을 맡아 학교의 공식 인가를 받았다.[24]

그러나 당시의 애매한 사회 분위기를 반영하듯 공식 인가를 내준 지 한 달 만에 한의연에 대한 인가가 취소되었다. 이때는 전체적으로 학생회 활동이 다시 부활하고 있었지만 학생운동의 경험이 녹이 슨

쟁의 성격을 "피고인이 현장인 부산에까지 가서 본 결과 160여 명을 구속했는데 학생은 불과 16명밖에 안 되고 나머지는 순수한 민간인이고, 남민전 같은 불순 세력의 배후 조종이 없고 오히려 민란이나 민중봉기와 같은 것"이라고 보았다. 그는 박정희에게 부마항쟁은 "유신체제에 대한 도전이고 물가고에 대한 반발과 조세에 대한 저항에다가 정부에 대한 불신까지 겹친 민중봉기입니다. 불순 세력은 배후에 없습니다. 위와 같은 민란은 정보 자료로 판단건대 5대 도시로 확산됩니다"라고 보고했다(한홍구, "한홍구의 유신과 오늘-〈38〉 부마항쟁", ≪한겨레≫, 2013년 5월 3일 자). 이처럼 부마항쟁은 "10·26 박대통령 살해 사건의 의 직접적 계기된 역사적인 항쟁"이었다(같은 책, 382쪽).

24 당시는 지도교수 없이도 등록이 되었다고 한다. 당시 홍수종, 최두호, 김윤덕, 변재준, 유준현 등이 활동했다(사의연, 『사의연, 그 역사적 의의를 찾아서』, 25쪽).

의대에서 별다른 활동을 기대하기는 어려웠다. 사의연의 맥을 이어온 사람들 역시 매주 1회 정도 세미나를 하면서 방학 때 농활을 가는 수준에 만족할 수밖에 없었다. 당시 의과대학 분위기가 일반 다른 대학과 차이가 너무 커 대외적인 활동을 하고자 하는 사람들은 아예 의과대학 울타리를 벗어나곤 했다.[25]

3. 1980년 '서울의 봄', 그리고 '학생 그룹 사의연'의 종결

끝날 것 같지 않던 박정희 시대가 가고 새로운 시대가 열리는 듯 했으나 다시 전두환 신군부 세력이 등장했다. 새로운 시대를 갈망했던 학생들은 1980년 5월 13일 거리로 쏟아져 나왔다. 이른바 '서울의 봄'이 열렸다. 5월 15일에는 서울역 지상 광장 앞에서 10만여 명 이상의 대학생 및 시민이 자발적으로 모여들었다.[26]

서울대 의대도 '봄맞이'를 나갔다. 1980년 5월 13일 의대생들은 버스를 대절해 시위에 합류했다. 시위의 열기는 하루 이틀로 식지 않았다. 당시 서울대 의대 실습실에서 과반수가 넘는 의대생들이 집에 가지 않고 밤을 세워가며 한국의 민주화에 대해 이야기했다. 횃불을 켜

---

25 김종구는 당시를 회상하며 미리 새벽에 자리를 다 차지해 자리가 없어 복도에 앉아 수업을 들을 정도로 의대생들이 공부에만 매달렸다고 한다(같은 책, 25쪽).

26 "(2)서울의 봄-1980년과 2003년: 80년 봄 주역들 이젠 정치판의 核", ≪중앙일보≫, 2003년 2월 14일 자.

놓고 촌극경연대회, 닭싸움 등으로 졸음을 쫓아가며 토론을 이어나갈 정도로 열기는 뜨거웠다. 전태일 열사의 어머니 이소선 여사가 강연할 때는 일부 교수들까지 합류했다.[27]

사의연 초창기 멤버들도 다시 뭉치기 시작했다. 초창기 멤버들은 양길승의 첫 딸 돌을 맞아 오랜만에 모임이 이루어졌고, 중반기에 활동했던 황혜헌, 전성환, 서광태 등은 황혜헌의 결혼을 축하하는 자리에서 만남을 가졌다.[28]

그러나 1980년 '서울의 봄'은 짧았다. 5월 17일 전두환 신군부 세력이 비상계엄을 전국으로 확대하며 학생운동을 진압하기 시작했다. 광주학살 소식이 전해지며 대학 곳곳에서 들썩였지만 전두환 신군부는 박정희의 방식을 고스란히 이어받아 이를 틀어막았다. 전경들이 학내에 배치되고 휴교령이 내려졌다.

---

27 이즈음에 김종구는 정유곤, 김양호, 백도명 등을 처음 보았다고 한다. 한창 유인물을 찍고 있는데 이들이 나타나 뭐 도와줄 것 있느냐고 물어 의대 내에 이런 선배들도 있구나 싶었단다. 또 시위 때면 항상 양 목발을 짚고 시위대를 따라 오느라 고생하는 사람이 있어 주시했더니 그 사람이 김록호였다고 한다. 김종구는 양길승 등 사의연 선배에 대한 이야기를 잘 알고 있지 못하다가 남대문, 서울역 시위에서 양길승을 처음 보았는데 전경과의 대치선이 뚫리지 않아 답답한 마음에 어떻게 하면 좋을지 양길승에게 물어봤더니 조금만 기다리면 뭔가 나올 거라고 대답했다고 한다. 이후 뒤에서 갑자기 버스가 오더니 전경들 쪽으로 뚫고 나가는 것을 보고 양길승의 위력(?)을 실감했다고 한다(사의연, 『사의연, 그 역사적 의의를 찾아서』, 25쪽).

28 황혜헌의 결혼식 피로연에서는 전날 이소선 여사의 강연을 들으며 밤을 새우고 온 뒤라 이들은 결혼식을 축하하기보다 간만에 만났음에도 시국을 논하며 울분과 열정을 토하기 바빴다고 한다(같은 책, 25쪽).

서울대 의대 내에서는 휴교 기간에 김록호, 고경심, 손신, 김종구 등이 모여 사회 정세를 주시하며 뜨거운 토론의 열기를 이어나갔다. 또한 잠깐이나마 치솟았던 열기는 몇몇에게 새로운 자극제가 되었다. 신상진은 입학 이후로 계속해오던 사당동 노동 야학을 통해 알게 된 인천 지역 노동 현장으로 들어갔다. 백도명은 학생회를 통해 새로운 활동을 모색했다. 그러나 이렇게 사의연의 정체성을 이어갈 마지막 인물들이 새롭게 독자적 활동을 추구하면서 그나마 맥을 유지하고 있던 학생 그룹 사의연의 역사도 사실상 끝이 났다. 물론 기존에도 후배 그룹들이 사의연이라는 이름을 가지고 활동한 것은 아니었지만 희미하게나마 이어져 오던 명맥조차 끊어지게 된 것이다.[29]

1980년 양길승이 복학하면서 사의연이라는 이름이 다시 부활할 수 있는 여지가 생겼으나 학교는 그를 다시 제적시켰다. 김대중(전 대통령)을 만났다는 것과 1980년 '서울의 봄'에 맞춰 일어난 서울대 의대 시위를 배후 조종했다는 이유였다.[30] 이 길로 양길승은 아일랜드로 떠났고[31] 학생운동은 1980년대 새롭게 등장한 학생운동의 주체들에게 바통이 넘어갔다.[32]

---

29 같은 책, 25쪽.
30 실제로 양길승은 '다락방서점'을 운영하면서 김록호 등을 모아놓고 시위 방법론에 관한 강의를 하기도 했다(같은 책, 25쪽).
31 양길승은 아일랜드에서 골웨이 의과대학에 편입해 의사 자격증을 취득한 뒤 1985년 귀국했다. 한국 의사 국가고시를 다시 치러 한국에서도 의사면허를 취득했다(신동호, "긴조 9호세대 비화: 모택동을 사주한 체 게바라", ≪뉴스메이커≫, 583호 (2004.7.22).

그간 사의연이 서울대학교 내에서 펼쳤던 활동의 의미에 대해 다양한 평가가 있을 수 있겠으나, 서울대 문리대 운동권 출신으로 당시 사의연 멤버들과 긴밀한 관계를 가졌던 정윤광(전 서울지하철 노조 위원장)은 다음과 같이 평가했다.

그들은 기존 제도권 의학에 대항하는 민중의학을 추구했고, 의사이자 혁명가인 체 게바라나 닥터 노먼 베순 등을 존경했다. 부르주아사회의 의료체계보다 민중의학과 예방의학을 지향하여 …… 의사라는 직업의 조건상 노동자 밀집 지대나 도시 빈민 지역, 또는 농촌에 공동체나 근거를 만들고자 하였다.[33]

---

32 이는 사의연만의 상황도 아니며 1980년대 상반기 학생운동의 상황이 전반적으로 그러했다. 1981년 이래 학생운동 역량의 급격한 증대와 이에 따른 학회 및 학생회 중심의 운동 전개 필요성이 인식되었으나, 이를 주도한 것은 1970년대 후반 학번이 아니라 1980년대 이후 학번들이었다[이호룡·정근식, 『학생운동의 시대』(선인, 2013), 174쪽].

33 신동호, "긴조 9호세대 비화: 모택동을 사주한 체 게바라", 《뉴스메이커》, 583호(2004년 7월 22일).

| 5 |
사의연 이후의 사의연

1. 1980년대 초 사의연 멤버들의 상황

1980년대 전문 지식인으로서 사회문제를 고민하던 의학도들은 대거 가정의학과로 몰렸다. 노동 현장으로 들어가는 방식 대신 의사로서의 사회적 역할을 모색하던 많은 이들에게 가정의학과는 하나의 대안처럼 여겨졌다.[1]

이러한 고민을 하는 사람들의 중심에는 사의연 멤버들이 있었다. 이미 사의연 초창기 멤버인 김기락이 1979년 서울대학교병원에 가정

---

1 그러나 후에 가정의학과를 선택하는 것이 마치 현장 참여의 한 방법이라고 생각했던 것은 그릇된 면이 없지 않으며, 실체 이상의 기대를 했던 측면이 많았음을 반성해 평가하기도 했다[양요환 인터뷰(2014년 9월 30일)].

의학과가 처음 만들어질 때 1호로 들어가 터를 잡고 있었다. 이를 따라 김양호 역시 가정의학과로 들어갔고, 이후 정신과에 많은 관심을 가지고 있던 김록호 역시 이들의 적극적인 제안에 따라 가정의학과에 들어갔다.[2]

꼭 가정의학과가 아니더라도 학생 신분을 벗어난 사의연 멤버들은 각자의 위치에서 사회 활동을 추구해나갔다. 1981년부터 고경심, 오세윤, 김록호, 강희찬, 정혜관 등 다섯 명은 광야교회에서 진료 지원을 했다. 광야교회[3]는 인천 부평공단에 있던 기독교감리회 소속의 교회로 당시 '해고 노동자의 쉼터' 역할을 하고 있었다.[4] 이들은 이곳에서 바쁜 인턴이 되고 나서도 돌아가며 주말 진료를 맡았다. 광야교회의 조화순 목사가 구속되자 김종구, 김록호 등은 아예 교회에서 숙식을 하며 활동하기도 했다.[5]

---

2   양요환의 말을 빌리면 가정의학과가 생길 무렵 인천 시립병원의 김기락에게 전화해 사실상 우리가 요구해 가정의학과가 만들어진 것이니 지원을 해야 한다고 하자, 김기락은 그렇지 않아도 원서를 두 장 사놓았다고 답하며 다른 13명의 지원자와 함께 시험을 보았다고 한다(실제로 가정의학과 신설 과정에서 사의연 멤버들이 권이혁 학장에게 이런저런 요구를 했다고 한다). 시험 결과 김기락과 양요환이 합격했는데 양요환은 신원 조회에서 전과 사실 등이 문제시되며 면접에서 떨어졌다〔양요환 인터뷰(2014년 9월 30일)〕.

3   이후 백마교회로 이름이 바뀌었다.

4   "짓밟힌 여공들 일깨운 '작은 예수'", ≪경향신문≫, 2003년 10월 12일 자.

5   당시 사의연 멤버들과 숙명여대 출신의 약사, 서울대 의대 간호학과 학생, 간호사(상근 간호사) 등이 일요일 오후 1시부터 6시까지 진료를 했고, 산업의학이나 직업병, 환경공해 등에 대해 따로 학습 시간을 가졌는데, 바쁜 인턴 생활 중에도 새벽에 졸면서 공부를 했다고 한다. 당시 정규 커리큘럼에서는 산업의학이 미미하고, 직업병을

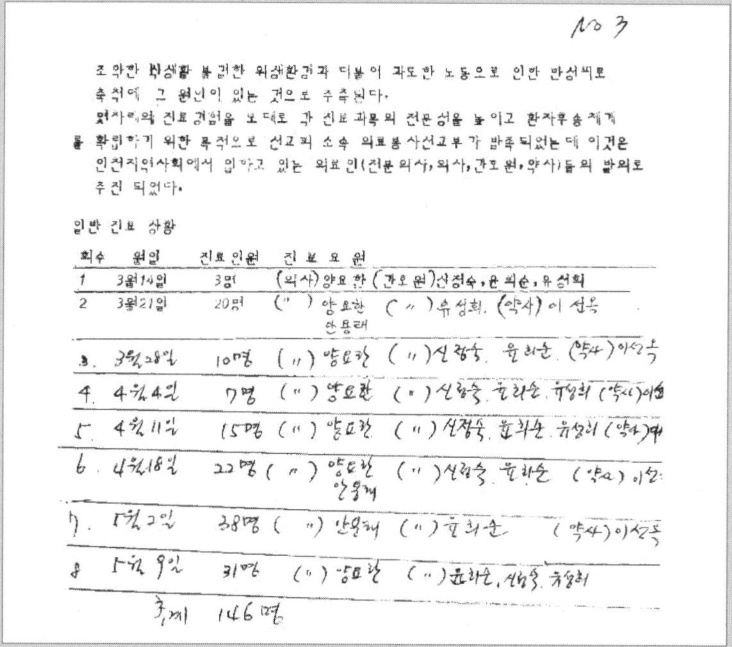

No 3

조악한 식생활 불결한 위생환경과 더불어 과도한 노동으로 인한 만성피로 축적에 그 원인이 있는 것으로 추측된다.

몇차례의 진료 경험을 토대로 각 진료 과목의 전문성을 높이고 환자후송체계를 확립하기 위한 목적으로 선교회 소속 의료봉사선교부가 발족되었는데 이것은 인천지역사회에서 일하고 있는 의료인(전문의사, 의사, 간호원, 약사)들의 발의로 추진 되었다.

일반 진료 상황

회수	월일	진료인원	진료요원
1	3월14일	3명	(의사)양요한 (간호원)신정숙, 윤회순, 유성희
2	3월21일	20명	(") 양요한 안용래 (")유성희. (약사) 이선옥
3.	3월28일	10명	(") 양요한 (")신정숙. 윤회순. (약사)이선옥
4.	4월4일	7명	(") 양요한 (")신정숙. 윤회순. 유성희 (약사)이선
5.	4월11일	15명	(") 양요한 (")신정숙. 윤회순. 유성희 (약사)이
6.	4월18일	22명	(") 양요한 안용래 (")신정숙. 윤회순 (약사) 이선
7.	5월2일	38명	(") 안용래 (")윤회순 (약사)이선옥
8	5월 9일	31명	(") 양요한 (")윤회순, 신정숙. 유성희
	총계	146명	

그림 5-1 인천 도시산업선교회 의료봉사팀 진료 일지

자료: 민주화운동기념사업회(http://archives.kdemo.or.kr/View?pRegNo=00445714) 제공; 인천도시산업선교회 원작.

1981년경 사의연의 또 다른 멤버들은 역시 조화순 목사의 주선으로, 노동운동에 연루된 가난한 노동자들이 많았던 인천 산업선교회에

따로 공부할 기회가 없었다고 한다. 고경심은 이때를 회상하며 "아! 그 정열 역시 젊음의 힘이었다"고 말한다. 이러한 활동은 1985년까지 계속되었다(사의연, 『사의연, 그 역사적 의의를 찾아서』, 27쪽).

서 주말 진료 활동을 펼쳤다.

여기에는 양요환, 안용태, 김기락, 이필한 등이 참가했다. 양요환이 주말 진료소 소장을 맡았고 이후 치과팀으로 송학선 등이 결합했으며, 김근태와 김동환(NCC 총무 역임)이 노동자 교육을 맡았다. 이때는 조옥화 간호사가 지역주민들을 대상으로 가정방문, 만성병 관리 등을 진행하며 운영에 많은 기여를 했다. 이를 토대로 200여 세대에 이르는 주민들이 자주적으로 조직을 건설해 민들레의료조합이 만들어지기도 했다.[6]

2. 신천연합의원 개원

1) 사의연 모임의 재개

1981년 이후 사의연은 초창기 멤버들을 중심으로 모임을 재정비하며 학창 시절의 꿈과 이상을 이어나가기 위한 활동을 다시 모색하게 된다. 1982년 알음알음 모이기 시작해 1983년부터는 정례화되었다. 매달 한 차례씩 주로 서울 백병원 레지던트로 있던 고한석의 집에 모여 학습하고 새로운 사업에 대한 구상을 논의했다. 홍영진을 필두로 김양호, 김록호, 양길승, 심재식, 양요환, 안용태, 신상진, 김기락 등

---

6 이후 지역의료보험이 확산됨에 따라 자연스럽게 해산되었다.

이 재결성된 정기 모임에 결합했다.[7]

　사회인이자 정식 의료인이 된 만큼 학교 울타리를 벗어난 구체적인 사업을 구상해나갔다. 그 첫 제안은 신철영으로부터 나왔다. 1984년경 신철영은 사의연 멤버들이 돈을 모아 땅값이 헐했던 홍성에 땅을 사서 함께 지역의료사업을 하자고 제안했다. 그러나 첫 사업 기획이어서인지 내부 합의가 쉽지 않았다. 양길승이 홍성에 가기로 결의를 했음에도 불구하고 이 사업은 결국 무산되고 말았다.[8]

2) 경기도 시흥군 대야리로

　1984년 홍성을 기점으로 의료사업을 전개하기로 했던 첫 기획이 무산된 이후 1년여가 지나 다시 한 번 지역의료사업에 대한 기획이 세워졌다. 이를 위해 1985년 말 공단 지역을 중심으로 여덟 개 후보지를 놓고 타당성 조사를 진행했다. 이 지역 조사는 신상진이 맡았는데 그가 조사 끝에 결정한 곳은 경기도 안산과 시흥이었다. 사의연 멤버들은 논의 끝에 시흥을 선택했다. 이 선택에는 송정동 판자촌에서 마을 빈민들을 조직해 시흥군으로 집단 이주해온 제정구의 복음자리 사업에 대한 지원이 중요하게 고려되었다.[9]

7　고한석 인터뷰(2014년 9월 25일).

8　사의연, 『사의연, 그 역사적 의의를 찾아서』, 29쪽.

9　고한석 인터뷰(2014년 9월 25일); 최수자 인터뷰(2014년 9월 30일).

그림 5-2 **초창기 신천연합의원의 모습(1986년부터 1992년 신축하기 전까지)**
자료: 신천연합병원 제공.

　사의연의 의원 건립 사업에 가장 앞장선 것은 강화에서 지역의료
사업에 매진하고 있던 양요환과 안용태였다. 이후 산부인과 수련을
마친 고경심이 합세했다. 이렇게 세 명을 주축으로 경기도 시흥군 대
야리에 위치한 자그마한 건물 1·2층을 전세로 빌려 의원을 세웠다.
병원 옆으로 흐르던 개천 이름이자 당시 지역을 대표하는 지명인 '신
천'과 사의연이 함께 만들었다는 의미의 '연합'이라는 단어를 합쳐 '신

천연합의원'이란 이름으로 1986년 4월 5일 개원했다.[10]

3. 신천연합의원을 구심점으로 한 사의연 멤버들의 활동

공동 원장 격이었던 양요환, 안용태, 고경심 세 사람은 병원을 준비하며 설립 목적을 다음과 같이 세웠다.

첫째는 의료 소외 지역으로 반농반도시인 지역사회에 양심적이고 적절한 의료를 제공한다. 둘째, 사의연의 이론적인 공부를 구체적인 현실의 장에서 실현하는 협력의 장으로서 역할을 한다. 셋째, 3인이 공동으로 경영하면서도 월급을 가져가고 남는 부분은 사회를 위해 투자한다. 넷째, 신천연합의원과 뜻을 같이하는 의료 기관들을 지원한다.

신천리는 의료 소외 지역이었다. 더욱이 당시는 전 국민 건강보험이 실시되기 전이었기 때문에 병원 문턱이 높았다. "지역에 양심적이고 적절한 의료를 제공하겠다"는 신천연합의원의 기본 취지[11]는 분명 신천리에 딱 들어맞는 것이었다. 신천연합의원이 지역사회에 자리를 잡는 데까지는 그리 오래 걸리지 않았다.

---

10 양요환 인터뷰(2014년 9월 30일).

11 사의연, 『사의연, 그 역사적 의의를 찾아서』, 30쪽.

의료인으로 성장한 사의연 멤버들은 학생 때 추구하던 진료사업의 모델을 보다 전문적인 형태로 추진해나갔다. 신천연합의원을 방문하는 환자를 진료하는 데 그치지 않고, 보건 간호사를 따로 두어 빈민 지역을 중심으로 각 가정을 방문하며 의료 실태를 샅샅이 파악했다. 이를 바탕으로 병원에 오기 힘든 사람이 있을 경우 의사가 직접 왕진을 나갔다.[12] 또한 돈이 없는 사람들에게는 아무리 큰 수술이라 하더라도 무료로 해주었다.[13]

신천연합의원의 헌신적이고 양심적인 의료 행태가 입소문을 타면서 신천리 지역의 빈민들은 물론 이웃 인천이나 부천의 빈민들, 노동자들 그리고 사회운동가들이 몰려들었다. 서울에서도 심심치 않게 유사한 처지에 놓인 환자들이 찾아왔다.[14] 개원한 지 얼마 지나지 않아 하루에 방문하는 외래환자만 해도 300여 명에 달했다.[15]

물리적으로 세 명의 의사가 감당할 수 있는 한계를 넘어섰다. 환자 수가 불어난 만큼 질환의 종류도 다양해졌다. 더욱이 지역 특성상 건강을 제대로 관리하지 못한 빈민들이 많아 심각한 질환도 꽤 많았다. 외과(양요환), 내과(안용태), 산부인과(고경심) 전문의가 있었지만 충분하지 못했다. 이는 다른 사의연 멤버들의 기여로 극복했다. 예를 들어

---

12 신천연합병원 25주년 기념 영상 중 최수자 증언.
13 신천연합병원 25주년 기념 영상 중 황재천·송재은 증언
14 인천 전교조 정기검진도 신천연합의원에서 할 정도였다[양요환 인터뷰(2014년 9월 30일)].
15 신천연합병원 25주년 기념 영상 중 김무길 증언.

소아 환자가 올 경우 안용태는 소아과 전문의였던 홍영진에게 일일이 자문을 구해 진료했다. 이후 성인 내과 환자보다 소아과 환자의 외래 진료가 더 많아지자[16] 아예 가정의학과 전문의였던 김기락이 소아 환자의 진료를 전담하기도 했다.[17] 험한 노동을 해야 했던 지역주민들이 많아 골절 환자도 많았다. 간단한 골절은 양요환이 커버할 수 있었지만 수술이 필요할 정도로 심각한 골절을 입는 경우도 빈번했다. 이런 환자들의 경우 정형외과 전문의였던 고한석이 거의 매 주말마다 찾아와 무료로 수술을 해주었다.[18]

그 당시에 저는 지역, 가정방문을 많이 다녔는데 집 밖에 나오지 못하는 오래된 관절염 환자라든가 이런 어려운 환자는 고한석 선생님을 많이 괴롭혔어요. 그다음에 소아과 홍영진 선생님, 그다음에 김기락 선생님이 나중에는 보셨잖아요? 그리고 두 분 선생님들이 예비군 훈련이나 동원 훈련을 가시면 사의연 선생님들이 오셔서 정말 하루나 이틀이 아니라 2주씩 도와주셨어요. 김록호 선생님도 사당의원에 계시면서 많이 거드셨고 그다음에 김양호 선생님도 제 기억에 우리 집에 주무시면서까지 여기서 일을 거드셨는데 (그 밖에 많은 사의연 멤버들이 기여해주

16 소아과 환자가 100명, 내과 환자가 50명인 비율에 이르기도 했다(신천연합병원 25주년 기념 영상 중 안용태 증언).

17 김기락은 1987년 9월부터 1988년 5월까지 약 8개월간 신천연합의원에서 소아과 진료를 맡았다(사의연, 『사의연, 그 역사적 의의를 찾아서』, 29쪽).

18 같은 책, 29쪽.

셨는데) 지금은 다 기억을 못하겠어요.[19]

보건 간호사였던 최수자의 증언처럼 신천연합의원을 운영하는 데 사의연 멤버들의 기여는 절대적이었다. 달리 보자면 신천연합의원은 사회인이 된 사의연 멤버들이 멤버십을 되살리는 협력의 장이자 학생 시절의 열정을 투사하는 실천의 장이기도 했던 것이다.[20]

4. 새로운 보건의료운동의 전개

1) 신천연합의원을 통한 지역운동과의 연대

신천연합의원은 보건의료라는 수단을 가지고 지역운동에 유기적으로 결합했다. 지역 사업에 대한 이론과 실무를 겸비한 보건 간호사 최수자를 중심으로 이를 실행했다. 물론 신천연합의원이 터를 잡을 때부터 고려했던 제정구의 '복음자리 운동'[21]과의 협력 사업이 중심에

---

19 신천연합병원 25주년 기념 영상 중 최수자 증언.

20 이 글에서 다 다루지 못했지만 신천연합의원이 만들어지고 운영되는 데 사의연 멤버들만큼이나 간호사를 비롯한 직원들의 기여는 절대적이었다. 그들의 헌신적인 기여는 신천연합병원 25주년 기념 영상에 나온 숱한 증언들을 통해서도 확인할 수 있다.

21 제정구와 정일우 신부는 재개발로 삶터에서 내몰리는 도시 빈민들을 위해 가난하지만 빈곤하지 않은 공동체 마을을 만들고자 했다. 1977년 독일 미제레올 선교회에서 10만 달러를 보내오자 제정구는 철거민들이 집단 이주할 땅 3600여 평을 샀다. 양평

놓였다.

　매주 수요일 복음자리 공동체의 박재천(당시 복음신협의 상무)을 초청해 지역 상황에 대해 점검하고 지역에 필요한 보건 사업을 논의했다. 당시 신천연합의원과 복음자리 공동체의 협력은 긴밀했다. 병원 안살림을 책임지는 중책인 원무과장 자리도 제정구의 추천을 받은 사람을 임명할 정도였다. 그러나 당시는 전두환 군사정권 시절이었기 때문에 서로 이러한 협력 관계를 공개적으로 진행할 수는 없었다.[22]

2) 다른 병·의원들에 대한 물적·인적 지원

　신천연합의원이 지역에 빠르게 안착하자 사의연 멤버들은 자신들의 정체성에 부합하는 외향적인 일들을 하나씩 진행해나갔다. 우선 자신들과 뜻을 같이 하는 의료 기관들을 적극적으로 지원했다. 먼저 사의연 멤버이기도 한 박운식이 제정구의 복음자리 공동체 지역에 소래가정의원을 세웠다. 사의연 멤버들은 이 소래가정의원의 건립 기획

동 판자촌이 철거되면서 삶의 터전을 잃은 1400여 가구 가운데 가족이 많거나 형편이 특히 어려워 다른 곳에 갈 수 없는 170가구를 이주 대상자로 선정해 이들을 경기도 시흥으로 이주시켰고 이들과 함께 복음자리 마을을 세워 지역운동을 만들어갔다("복음자리 마을은 어떤 곳?" 《한겨레 신문》, 2004년 6월 9일 자).

22 복음자리 공동체의 박재천은 신천연합의원을 위해 "제정구하고 털끝만큼이라도 관계가 있는 분은 여기 이 동네에서 버티지 못하고 다 쫓겨났다. 그러니까 당신네도 우리하고 전혀 아는 척하지 말아라"고 병원 직원들에게 주의를 주기도 했다(신천연합병원 25주년 기념 영상 중 최수자 증언).

부터 재정에 이르기까지 지원을 아끼지 않았다. 사실 초창기 소래가정의원의 성격은 사의연 멤버들이 "지역운동을 위해 최전선에 세운 브랜치(branch)"에 가까웠다.[23]

한국 사회가 1980년대 중반을 넘어서면서 지역적 차원의 보건의료 문제와 더불어 노동자들의 산업재해 문제가 서서히 수면 위로 올라오고 있었다. 지각 있는 사회운동가 및 의료인들 또한 이 문제에 대해 관심을 쏟기 시작했다. 마침 사의연 멤버들이 학생 시절부터 인연을 맺어온 영등포산업선교회에서 노동자들의 산재와 직업병 문제를 다룰 수 있는 의료 기관을 만들자는 제의를 해왔다. 이에 사의연 멤버들은 1년간의 준비 기간을 거쳐 1986년 3월 8일 노동자 밀집 지역인 구로공단 인근에 '구로의원'이라는 노동자 병원을 설립했다. 처음에는 서울대학교 가정의학과 전임강사로 있던 김기락이 원장을 맡았고, 1987년 8월부터는 김양호가 원장직을 이어받았다.[24]

이러한 노동자 건강에 대한 사의연 멤버들의 관심은 1988년 고(故) 문송면 사망 대책 활동으로 이어져, 한국 사회에 노동안전 문제를 본격적으로 부각시키는 계기를 만들었다.[25] 이에 신천연합의원에서 활

23 최수자는 1986년 소래가정의원과 신천연합의원이 개원한 처음부터 1990년 초반까지 낮에는 소래가정의원에서 일하고 저녁에는 신천연합의원에 와서 일했다[최수자 인터뷰(2014년 9월 30일)].
24 김향수, 「시민과학연대를 통한 1990년대 여성 노동안전보건운동」(시민건강증진연구소, 2012), 10쪽.

동하던 사의연 멤버들도 자극을 받아 인천 지역 노동자들의 직업병 관련 의료사업을 위해 준비 중이었던 인천의원이 개원하는 데 재정적 지원을 아끼지 않았다. 이 인천의원을 기반으로 정해관, 최병순은 인천 지역 노동자들을 대상으로 직업병 조사 사업과 연구에 총력을 기울일 수 있었다.[26]

3) 새로운 보건의료운동 조직체들의 탄생 그리고 사의연의 기여

1980년대 중반을 넘어 후반으로 접어들며 빈민과 노동자들의 건강에 대한 문제가 점차 수면 위로 떠오르면서 이에 대한 사회적인 대응도 절실해지고 있었다. 지학순 주교가 초대 의장을 맡았던 천주교 인성회(카리타스)에서 먼저 움직였다. 인성회는 1986년 가을 '교회빈민의료협의회(빈의협)'를 만들 기획을 세웠고 이를 함께할 의료인 조직을 물색했다. 마침 양길승의 누나인 양비안네 수녀가 인성회에서 활동하고 있었다. 양길승은 인성회의 제안을 사의연 멤버들에게 전달했다.[27]

---

25 같은 글, 10쪽.

26 신천연합의원은 1989년 개원한 인천의원에 1억 5000만 원을 지원했다. 그리고 이곳에서 진행한 의료 상담과 산업의학과 관련된 조사 사업을 토대로 정해관, 최병순은 많은 연구 논문을 발표했으며 이는 한국의 직업산업의학이 성장하는 데 중요한 밑거름이 되었다(사의연, 『사의연, 그 역사적 의의를 찾아서』, 30쪽).

27 최수자 인터뷰(2014년 9월 30일).

차 례

빈의협에 바란다   2   에이즈 - 우리나라에서 무엇이 문제인가   10
제2회 수련회를 마치고   3   서평 - 기독교와 정치   12
봄빛 - 에리농공동체   5   회원동정   13
기획특집 - 농촌경제와 의료실태   6   회원편지/편집합니다.   14
생각해봅시다   9   유관단체소식   15

교회빈민의료협의회

그림 5-3 **빈의협 1988년 여름 회보**

자료: 민주화운동기념사업회(http://archives.kdemo.or.kr/View?pRegNo=
00206244) 제공; 한국가톨릭농민회 원작.

5공 시절 역시 박정희 정권 시절만큼이나 진보적 보건의료단체가
자신의 정체성을 드러내며 단체를 만든다는 것은 쉬운 일이 아니었
다. 역시 가장 안정적인 울타리는 종교였다. 사의연은 김록호의 집
에 모여 논의한 끝에 빈의협에 결합하기로 결정했다. 양요환이 빈의

협[28] 회장을 맡았고 안용태, 고경심, 김기락, 송학선 등이 활동에 참여했다.[29]

사의연을 해방 후 보건의료운동사에서 최초의 의대생 및 의사로 구성된 보건의료운동 조직이라고 할 수 있다면, 빈의협은 특정 계열만이 아닌 의사, 약사, 치과 의사, 간호사는 물론 종교인까지 아우른 최초의 보건의료운동 조직이라고 할 수 있다.

1987년 6월 민주화 투쟁은 한국 사회 전 분야에 영향을 미쳤지만 보건의료운동에서도 중요한 기점이 되었다. 특히 국민의 민주화 요구를 거부하고 일체의 개헌 논의를 중단시킨 이른바 전두환 정권의 '4.13 호헌 조치'에 대한 의협의 '호헌 찬성' 입장 발표는 진보적이고 양심적인 의사들의 민주화운동 참여에 불을 지폈다. 이러한 움직임은 6·10 항쟁 가운데 '호헌 반대 의사 선언'을 발표하는 것으로 이어졌다. 이 선언에 담긴 문장들은 바로 사의연과 직간접적인 연을 맺고 있던 서홍관의 작품이었다.[30]

6월 항쟁 이후 7·8·9월 노동자 대투쟁이 이어졌고 이는 한국 사회

---

28 회보 발행인이자 빈의협 회장이 양요환이었으며, 학술부장이 고경심, 사무국장이 최수자(신천연합의원 보건 간호사)였으며 초창기 회보의 주요 필자들 중 상당수가 사의연 멤버들인 것을 보더라도 빈의협 운영에 사의연 멤버들이 주도적인 역할을 했음을 알 수 있다〔최수자 증언(2014년 9월 30일)〕.

29 사의연, 『사의연, 그 역사적 의의를 찾아서』, 31쪽.

30 "만민보 350번 째 시인 서홍관", ≪민중의소리≫, 2012년 2월 11일 자.

그림 5-4 **1987년 6월 호헌 철폐를 외치는 서울대 의대·치대 학생들과 의료인들**
자료: "24년 전 오늘 … 4·13 호헌조치를 아시나요?", ≪뉴스제주≫, 2011년 4월 13일 자.

의 민주화와 노동자들의 건강권을 고민하던 진보적 의료인들을 더욱
강하게 견인했다. 호헌 반대 서명으로 고무된 서홍관과 김종구는 보
다 광범위한 진보적 의사 대중 조직의 필요성을 제기했다. 그리고 이
에 대한 구체적 논의가 사의연 멤버들을 중심으로 진행되었다.[31]

　사의연은 의사 대중 조직 건설의 필요성을 공유하고 적극적으로

---

[31] 논의 장소는 신천연합병원 옆 개고기 집이었다(사의연, 『사의연, 그 역사적 의의를
찾아서』, 31쪽).

결합해 들어갔다. 김록호, 김종구, 서홍관 등이 실무를 맡기로 하고 김기락(준비위원장), 심재식, 양길승 등이 준비위원을 맡아 조직의 모양새를 다져 나갔다. 그리고 이는 '인도주의실천의사협의회(인의협)'라는 새로운 의사 조직으로 결실을 맺었다.[32]

인도주의 醫師協 창립

인도주의 실천 의사협의회(준비위원장 金기락)는 오는 21일 오후5시 서울鐘路구 蓮池동 여전도회관 14층강당에서 창립총회를 연다. 이 협의회는 △봉사진료활동 △의료문제상담소개설 △신종병발생시 역학조사 △수해등 재해발생시 긴급의료활동등과 보건의료에 관한 학술활동을 벌여나간다는 계획이다.[33]

1987년 이후 새로운 보건의료운동 조직과 새로운 형태의 보건의료운동들이 쏟아졌다. 인의협과 같은 직능별 보건의료운동 조직들이 만들어졌고,[34] 노동안전보건 문제를 주된 과제로 하는 '노동과건강연구회', 보건의료 정책을 연구하는 '보건과사회연구회'도 창립되었다. 또

---

32 인의협의 첫 사무실은 신천연합의원에서 5000만 원을 빌려 서울대 의대 근처인 연건동에 얻었다. 이는 추후 양요환 원장이 회수해갔으며, 이를 김록호가 대신 메웠다가 다시 회수해갔다〔고한석 인터뷰(2014년 9월 25일)〕.

33 1987년 11월 17일 ≪동아일보≫에 실린 인의협 창립 기사.

34 건강사회를 위한 치과의사회(건치)는 1989년 4월, 건강사회를 위한 약사회(건약)는 1990년 1월, 참의료 실현을 위한 청년한의사회(청한)는 1990년 2월 창립되었다.

한 의료인의 전문적 역량을 바탕으로 한 다양한 운동들이 전개되었는데, 1980년 말 문송면 군 수은중독 사망 사고 대책위원회 활동, 상봉동 진폐증 환자 조사 활동, 1990년 초 강경대 진상 규명 활동, 원진레이온 이황화탄소 중독증 환자 대책위원회 활동, 산재추방운동, 반핵평화운동 등이 대표적이었다.[35]

1980년대 말부터 봇물 터지듯이 쏟아진 이 보건의료단체들과 보건의료운동에서 사의연 멤버들의 역할은 중요했다. 각자 주안점을 둔 영역은 조금씩 달랐지만 학생 시절부터 다져진 경험을 바탕으로 여러 운동을 이끌었다. '노동과건강연구회'의 경우 양길승이 창립준비위원장과 공동 대표를 맡아 조직을 이끌었고,[36] '보건과사회연구회'의 경우 김록호, 김양호, 고경심이 핵심 멤버로 활약했다.[37] 상봉동 진폐증환자 조사 활동의 경우 인의협 진료 부장이었던 안용태가 진폐 조사 소위원회를 만들어 적극적으로 개입했으며, 정해관, 임현술이 합세해 법원에 의한 첫 공해병 인정 사례를 만들어내는 개가를 올렸다.[38] 문송면 군 수은중독 사망 사건에 이은 원진레이온 이황화탄소 중독 사건에서 양길승의 활약은 절대적이었다.[39] 그는 원진공대위 대

---

35 사회진보연대 보건의료팀, 「보건의료의 이론과 역사: 보건의료운동의 이념, 역사, 현실 3」, ≪사회운동≫, 106호(2012.5), 146쪽.

36 민주화운동기념사업회 오픈아카이브(http://archives.kdemo.or.kr/View?pRegNo=00876789).

37 민주화운동기념사업회 오픈아카이브(http://archives.kdemo.or.kr/View?pRegNo=00202761).

38 신동호, "秘錄환경운동25년: 상봉동 진폐증 사건", ≪뉴스메이커≫, 681호(2006.7.4).

152   한국 보건의료운동의 궤적과 사회의학연구회

표를 맡아 투쟁을 승리로 이끌면서 산재운동 역사에 이정표를 남겼다.[40] 1991년 4월 26일 학원자주화투쟁 시위를 벌이다 백골단의 폭력 진압에 의해 사망한 강경대 열사의 검안에는 고한석과 양길승이 직접 참여해 진상규명운동을 뒷받침했다.[41]

한편, 1987년 격변기를 지나 1988년 1월에는 농어촌 지역에 의료보험제도가 전면적으로 실시되는 제도적 변화가 일어났다. 그러나 가난한 지역의 농민들에게 과도한 보험료가 부과되는 제도적 모순을 담고 있었다. 농민들은 의료보험증을 불태우며 격렬하게 저항했다. 처음에는 자생적인 형태의 저항이었으나 이를 농민운동단체들이 적극적으로 끌어안으면서 전국적인 운동으로 확산되었다. 문제의 심각성을 포착한 진보적 보건의료단체들이 가세하면서 지역보험과 직장보험을 통합하자는 의료보험 통합일원화운동으로 발전했다. 이 운동에서도 사의연 멤버들의 영향력은 적지 않았다.[42]

앞서 언급한 바와 같이 1988년을 기점으로 의료보험제도의 확대 개편 문제가 사회적 쟁점으로 떠올랐다. 이는 한국 의료제도의 기본

---

39 "노동자·서민 보듬은 '약손'…녹색병원 어느덧 10살", ≪한겨레≫, 2013년 10월 2일 자.

40 산업안전보건연구원, ≪안전보건연구동향≫, vol 32(2010.4).

41 민주화운동기념사업회 오픈아카이브(http://archives.kdemo.or.kr/Collection?yy=1990&evtNo=10000104).

42 사회진보연대 보건의료팀, 「보건의료의 이론과 역사: 보건의료운동의 이념, 역사, 현실 3」, 147쪽.

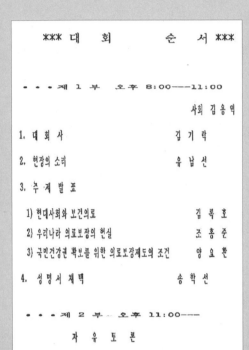

대 회   순   서

● ● ● 제 1 부 오후 8:00──11:00

                    사회 김용역

1. 대회사   김 기 락

2. 현장의 소리   유 납 선

3. 주 제 발 표

  1) 현대사회와 보건의료   김 록 호
  2) 우리나라 의료보장의 현실   조 홍 준
  3) 국민건강권 확보를 위한 의료보장제도의 조건   양 요 환

4. 성 명 서 채 택   송 학 선

● ● ● 제 2 부 오후 11:00──

                자 유 토 론

그림 5-5 **1988년 11월 15일에 열린 국민건강권 확보를 위한 보건의료단체 연합대회**
자료: 민주화운동기념사업회(http:// archives.kdemo.or.kr/View? pRegNo=00044683) 제공; 한국도시연구소 원작

틀을 바꾸는 중차대한 변화였던 만큼 진보적 보건의료단체들이 서로 연대하는 계기이기도 했다.[43] 바로 이러한 취지로 1988년 말 '보건의

---

43 이 연합대회에는 건강사회실현약사협의회, 교회빈민의료협의회, 기독청년의료인회, 보건과사회연구회, 연세민주치과의사회, 인도주의실천의사협의회, 청년치과의사회 등이 참여했다〔민주화운동기념사업회 오픈아카이브(http://archives.kdemo.or.kr/ View?pRegNo=00044683)〕.

료단체 연합대회'가 열렸는데, 그림 5-5에서 보듯이 당시 이 대회를 진행하거나 발제를 맡은 각 단체의 대표자들은 대부분 직간접적으로 사의연과 연계를 맺고 있는 사람들이었다.[44]

4) 1989년 이후의 사의연

어느 조직이나 부침을 겪듯이 1989년 이후 사의연의 내부에도 균열이 생겼다. 사의연의 구심점 역할을 하던 신천연합의원의 위상이 높아지고 외향적 활동도 다채로워지며 멤버들 사이에 생각이 갈리기 시작했다. 갈등이 수면 위로 드러난 것은 병원 운영에 관한 것이었다. 당시 시흥 지역은 부천과 인천에 근거를 둔 노동자들의 집단 거주 지역으로 급속히 성장함에 따라 많은 병·의원이 개원하고 있었다. 게다가 전 국민 건강보험의 시행으로 의료의 문턱이 많이 낮아지면서 의료의 상업화 추세가 가속화되는 상황이었다. 이러한 변화 속에서 신천연합의원도 변화의 압력을 받았다.[45]

특히 병원을 신축하고 확장하는 데 들어가는 경비 조달 문제가 불거지며 공동 원장을 맡고 있던 사의연 멤버 세 명의 입장 차이가 표

---

44 김기락(인의협 공동 대표), 김록호(보건과사회연구회), 조홍준(인의협), 양요환(빈의협).

45 병원 부지를 마련하는 문제에서도 충돌이 있었는데 땅을 사자는 양요환과 당장 급한 일부터 처리해야 한다는 안용태, 고경심의 의견이 엇갈렸다고 한다(사의연, 『사의연, 그 역사적 의의를 찾아서』, 30쪽).

면화되었다. 양요환은 병원의 확장이 최우선 과제라고 여겼으나, 안용태, 고경심은 병원 확장보다는 다른 의료 기관과 차별화된 신천연합의원만의 입지를 다지는 것이 먼저라고 생각했다. 또한 당시 사회운동단체나 의료단체에 지원하던 지원금 문제에 있어서도 우선순위에 대한 의견이 갈렸다. 이러한 갈등으로 인해 1989년 4월 안용태가 독자적으로 안산의원을 개원하며 신천연합의원을 떠났다. 고경심도 1990년 5월 독일 유학을 결심하며 신천연합의원을 그만둠에 따라 공동운영체제는 막을 내렸다.[46]

양요환은 병원을 새로 지은 뒤 신천연합의원 관리를 위한 록향 의료재단이라는 내부 법인을 만들었다. 이때까지만 해도 사의연 멤버들과의 연계는 남아 있어 록향 의료재단의 이사장은 심재식이, 상임이사는 양길승이, 이사는 김양호, 박운식이 맡았다.[47] 그러나 이후에도 양요환의 '지역사회병원을 일구어야 한다'는 의견과 심재식 등의 '지역사회병원은 소모적이다'는 의견이 충돌하며 갈등은 이어졌다.[48]

이러한 갈등 속에 신천연합병원은 사의연의 실천 기지로서의 역할을 상실했다. 이에 따라 사의연 멤버들은 신천연합의원을 벗어나 새

---

46 고경심은 준종합병원의 봉직의보다 나을게 없는 생활을 해오면서까지 애착을 가지고 지켜왔던 신천연합의원의 의미가 퇴색되자 그만두고 유학을 결심하게 되었다고 당시의 심경을 토로했다(같은 책, 30쪽).

47 록향은 초동교회에서 서울대 농대를 중심으로 농촌봉사활동을 해오던 단체로 양요환은 이 단체의 고등부에서 두밀리 분교 활동 등을 했다고 한다. 그 정신을 잇고자 록향이라고 했다고 한다[양요환 인터뷰(2014년 9월 30일)].

48 사의연, 『사의연, 그 역사적 의의를 찾아서』, 30쪽.

로운 도약을 모색했다. 뜻있는 후배들을 규합하고 타교로 문을 넓히기 위해 1990년 농업기술진흥회관에서 50여 명의 사람들을 모아 '사의연 설명회'를 가지기도 했다.[49]

그러나 이러한 노력에도 불구하고 신천연합의원이라는 안정적인 기반이 흔들린 뒤로는 새로운 구심점을 찾기가 쉽지 않았다. 결국 사의연 멤버들은 1987년 이후 급격히 성장한 새로운 주체들에게 바통을 넘기고 각자의 길을 걸어 나갔다.[50]

49 같은 책, 31쪽.
50 이후 사의연 멤버들 각자의 족적은 간략하게나마 부록으로 정리했다.

1987년 이전 보건의료운동의 궤적과
사의연의 역사적 의의에 대해

주지하듯이 1987년을 기점으로 사회운동은 급격히 성장했다. 거대한 노동자 운동의 물결 속에 보건의료운동도 한껏 솟아올랐다. 현존하는 대부분의 진보적 보건의료운동단체들이 1987년 민주 항쟁과 노동자 대투쟁을 연혁의 첫 줄에 적고 있는 것만 보더라도 1987년의 영향이 얼마나 컸는지 짐작해볼 수 있다.

보건의료운동의 내용도 산재추방운동, 반핵운동, 건강보험 통합운동, 지역의료운동, 일차의료운동, 공공의료운동, 무상의료운동 등으로 세분화되었다. 운동의 주체에서도 각 계열의 보건의료인들뿐만 아니라 특정 질환을 가진 환자 단체, 일반 의료소비자, 병원 노동자, 사회보험 노동자, 전공의, 보건의료학생에 이르기까지 다양해졌다.

이처럼 1987년이 현대사에서 갖는 의미는 아무리 강조해도 지나치지 않을 것이다. 하지만 1987년에 대한 각인이 너무 큰 나머지 1987년 이전의 보건의료운동 궤적에 대해 소홀한 측면이 없지 않다.[51] 일

제시대까지 살펴볼 의지는 더더욱 없어 보인다. 그러나 1987년의 의미를 올곧게 되새기기 위해서라도 이전의 역사를 짚어보는 작업은 중요하다.

근현대사 속에서 보건의료운동의 궤적을 살펴보면 신영전이 발굴하여 잘 정리했듯이 일제시대에 처음으로 보건의료운동이라고 이름 붙일 수 있을 만한 움직임이 나타났다.[52] 양봉근과 최응석은 학생 시절의 경험을 승화시켜 각각 '보건운동사'와 '국영의료체계론'을 이끌었다. 그러나 양봉근이나 최응석이 일으킨 보건의료운동의 씨앗은 아쉽게도 계승되지 못했다.

해방 이후 이승만 정권하에서 일부 의학도들과 의료인들이 민주화운동에 결합했으나 거기까지였다. 주목할 만한 주체나 구체적인 보건의료 관련 어젠다가 형성되는 데까지는 이르지 못했다. 이후 보건의료운동이란 이름으로 언급할 수 있을 정도의 움직임은 사의연에 의해 나타났다. 그리고 중요한 것은 일제시대 보건의료운동의 씨앗이 계승·발전되지 못한 반면 사의연의 활동은 1987년 이후 보건의료운동이 본격적으로 하나의 부문 운동으로 성장하는 데 중요한 밑거름이 되었다는 점이다.

---

51 선행 연구나 보건의료운동과 관련된 책의 거의 대부분이 1987년 이전의 보건의료운동에 대해 "일부 학생 그룹들의 활동이 있었다"는 정도로 몇 줄의 언급에 그치고 있다.

52 이 책의 제1장은 상당 부분 신영전의 선행 연구를 바탕으로 정리한 것임을 다시 한번 밝힌다.

사회 변화의 바람이 불고 전체 운동이 상승한다고 해서 자동적으로 부문 운동이 성장하는 것은 아니다. 만약 어떤 부문이 아무런 준비 없이 1987년의 거대한 변화의 흐름을 맞았다면 그 이후 부문에서 흐름을 살려 무엇을 하고 어떻게 해야 하는지 틀을 잡는 데에만 상당한 시간을 들여야 했을 것이다. 1987년 당시, 그리고 1987년 이후 의료인들의 활동을 보면 전체 운동에 유기적으로 반응하며 그 어느 부문보다 노련하게 운동을 이끌었다. 이는 1987년까지 운동에 대한 감수성이 무뎌지지 않도록 촉수를 갈고닦은 누군가가 없었다면 어려운 일이다.[53] 다시 말해, 사의연과 같은 조직의 인적·물적·역사적 자산이 1987년 이후 새로운 보건의료운동이 탄생하는 데 적지 않은 역할을 했다고 볼 수 있다.

물론 사의연이 학생 그룹 시절이나 의료인이 된 이후의 활동 전부를 보건의료운동이라는 개념으로 포괄할 수는 없을지 모른다. 하지만 처음부터 '사회의학'이라는 보건의료적 정체성을 명확히 세우고, 꾸준히 보건의료적 수단을 통해 사회 변화를 도모한 만큼 이들의 활동을 보건의료운동사의 궤적 위에 올려놓는 게 무리는 아닐 것이다. 더욱이 신천연합의원이라는 보건의료운동의 구심점을 구축하고 이를 통해 보건의료운동의 기반을 다지고자 한 다양한 노력은 보건의료운동사에서 반드시 기억되어야 할 부분이다.

---

53 대표적인 예로 1987년 직후 인의협의 초창기 회보를 살펴보면 인의협 역사를 통틀어 어느 때보다 다양하고 질적으로도 고차원적인 활동이 전개되고 있음을 확인할 수 있다.

사실 한국 현대사가 아직까지 제대로 정리되었다고 보기 어려운 만큼 사의연에 대한 역사적 의의를 논하는 것도 쉽지 않다. 하지만 본문에 정리된 것만으로도 사의연이 현대 보건의료운동이 탄생하고 성장하는 데 중요한 자양분이었다는 사실만큼은 분명히 확인할 수 있을 것이다.[54]

이 글은 보건의료운동사에서 공백기로 남아 있는 1960~1970년대, 그리고 1987년 이전 보건의료인의 사회참여와 보건의료운동적 성격의 움직임에 대해 정리해보았다는 점에서 적지 않은 의의를 둘 수 있다. 이를 통해 1987년을 기점으로 단절적으로만 바라보던 보건의료운동사에 대해 좀 더 풍부한 역사적 해석을 제시할 수 있을 것이라 기대한다.

아울러 그간 진행된 바가 거의 없는 한국 근현대 보건의료운동의 역사를 개괄해보았다는 점에서도 의의를 둘 수 있을 것이다. 물론 통사라고 부르기에는 부끄럽게도 몇몇 사례를 중심으로 보건의료운동의 궤적을 훑어보는 데 머물렀지만 이를 계기로 보다 많은 연구가 보완되길 바란다. 더불어 의료인들만이 아니라 이글에서 거의 다루지 못했던 1987년 이전의 간호사를 비롯한 보건의료계열 노동자들의 활동에 대해 별도의 연구가 진행될 필요가 있음을 강조하고 싶다. 이러

---

54 아울러 보건의료운동사의 관점에서 정리하다 보니 당시 보건의료인이라는 정체성을 포기하면서까지 공장으로, 그리고 농촌으로 더 나은 사회를 위해 뛰어든 의학도들을 다루지 못한 아쉬움이 남는다. 사의연을 통해 당시의 의학도들의 활동상에 대한 관심이 환기된다면 그러한 사람들의 의미 또한 새롭게 조명될 수 있을 것이다.

한 작업은 과거를 기억하는 차원에 그치는 것이 아니라 앞으로의 보
건의료운동 건설을 위해서도 분명 중요한 일일 것이다.

사의연 주요 멤버들 현황

다음 사의연 주요 멤버 명단은 2014년 4월 10일 작성된 사의연 연락처를 토대로 작성한 것임을 밝힌다(가나다순).

고원순   현재 제주도에서 정형외과를 운영하고 있다.

고한석   인제대학교 백병원 정형외과 교수를 역임했으며, 2014년부터 인의협 이사장을 맡고 있다.

김기락   인의협 창립 준비위원장, 구로의원 초대 원장, 가정의학회 회장, 울산대학교 의대 교수 등을 역임했다.

김록호   사당의원 원장, 원진녹색병원 원장, 원진노동환경건강연구소 소장, 서울대학교 보건대학원 조교수 등을 역임했다. 현재는 세계보건기구(WHO)에서 기후변화 및 환경보건 전문가로 활동하고 있다.

김삼용   한국임상암학회 회장을 역임했으며, 1981년부터 현재까지 충남대학교병원 혈액종양내과 교수로 재직 중이다.

김양호 산업안전보건연구원 수석 연구원, 대한직업환경의학회 회장을 역임했으며, 현재 울산대학교 의대 산업의학과 교수로 재직 중이다.

김종구 인의협 공동 대표를 역임했고, 김록호가 운영하던 사당의원을 이어받아 노동자들을 위한 의료 지원을 해왔다.

박운식 1986년부터 현재까지 소래가정의원을 운영해오고 있다.

백도명 세계보건기구(WHO) 자문위원, 원진노동환경건강연구소 소장, 한국환경보건학회 회장, 서울대학교 보건대학원장을 역임했으며, 현재 반핵의사회 공동 대표를 맡고 있다.

서홍관 인제대학교 교수, 한국금연운동협의회 회장, 현재 국립암센터 국가암관리사업본부 원장, 대한의사학회 회장, 인의협 이사를 맡고 있다.

신영태 충남대학교 교수와 대한신장학회 회장을 역임했으며, 현재는 대청병원에서 근무하고 있다.

심재식 인의협 이사장과 북한어린이살리기 의약품지원본부 초대 이사장을 역임했다. 현재 서울녹색병원 부원장을 맡고 있다.

안용태 신천연합의원 초대 공동 원장을 지냈고, 인의협 진폐증 조사 소위원회 위원장을 역임했으며, 현재 구로에서 내과의원을 운영하고 있다.

양길승 인의협 초대 기획국장, 노동과건강연구회 공동 대표, 인의협 상봉동 진폐 특별위원회 위원장, 참여연대 운영위원장 등을 역임했으며, 2003년부터는 녹색병원 원장을 지냈다. 2015년 4월부터는 원진재단 이사장을 맡고 있다.

양요환 신천연합의원 초대 공동 원장을 지냈으며, 현재 경기도노인전문시흥병원 원장, 새오름포럼 이사장을 맡고 있다.

이근후   현재 혜인내과의원을 운영하고 있다.

이진수   1979년 도미 후 폐암 분야의 세계적인 권위자가 되어 한국으로 돌아와, 현재 국립
        암센터 원장을 맡고 있다.

이필한   현재 인천에서 동암산부인과를 운영하고 있다.

정유곤   현재 부천에서 정유곤산부인과의원을 운영하고 있다.

황승주   1985년 목사 안수를 받고 제적된 지 20년 만인 1994년 서울대학교 의대에 복학해
        2000년 가정의학 전문의가 되었다. 신천연합병원에서 원목(院牧) 겸 가정의학과장
        으로 근무하다 2014년 호스피스완화의료 전문 새오름가정의원을 개원했다.

홍영진   대한소아감염학회 회장을 역임했으며, 현재 인하대학교병원 소아과 교수로 재직
        중이다.

참고문헌

1. 1차 사료

1971년(25회) 서울대학교 의대 졸업 앨범.

1974년(28회) 서울대학교 의대 졸업 앨범.

민주화운동기념사업회 오픈아카이브의 각종 사료들.

≪보건운동≫, 창간호(1932.2.1).

신천연합병원 소장 사진.

권이혁. 1969. 「도시 내의 판자촌: 도시위생학적 입장에서」. 대화문화아카데미 아카이브
    (http://www.daemuna.or.kr).

사의연. 제작 연도 미상. 『사의연, 그 역사적 의의를 찾아서』(황승주가 소장하고 있던 것
    을 2014년 3월 다시 제본).

申英秀 외. 1972. 「大氣汚染이 市民健康에 미치는 影響에 關한 比較研究(서울特別市의 各
    地域 및 水原市의 比較 研究): 코오넬 醫學指數를 適用해 Application of Cornell
    Medical Index = STUDIES OF EFFECTS ON HUMAN HEALTH BY AIR POLLU-
    TION COMPARED WITH SEOUL CITY (LARGE CITY) AND SUWON CITY
    (SMALL CITY)」. ≪대한의학협회지≫, Vol.15, No.5.

윤보선. 1991. 『외로운 선택의 나날들: 윤보선회고록』. 동아일보사.

이용설. 1947. 「보건후생행정에 대하야」. ≪조선의학신보≫, 2호.

진실화해를위한과거사정리위원회. 2010. 「진실화해위원회 제9차 보고서: 2010년 상반기
    조사보고서」.

최응석. 1947. 「현 단계 보건행정의 근본적 임무」. ≪조선의학신보≫, 2호.

활빈교회. 1973. 「빈민선교에 대한 연구 및 보고」(민주화운동기념사업회 사료관 정준영
기증 자료).

朝鮮の農村衛生. 1940. 『慶尙南道蔚山邑達理の社会衛生学的調査』. 岩波書店.

2. 논문 및 기고문

김기선. 2008. 「1970~1980년대 노동자들의 우등불 인천 도시산업선교회」. ≪희망세
상≫, 9월호.

김향수. 2012. 「시민과학연대를 통한 1990년대 여성 노동안전보건운동」. 시민건강증진
연구소.

박윤형 외. 2008. 「일제시기 한국의사들의 독립운동」. ≪의사학≫, 17권 2호.

사회진보연대 보건의료팀. 2012.5. 「보건의료의 이론과 역사: 보건의료운동의 이념, 역
사, 현실 3」. ≪사회운동≫, 106호.

서동석. 1999 「불교사회운동의 갈무리와 터닦기」, ≪불교평론≫, 12월호.

서홍관·신좌섭. 1999. 「일본 인종론과 조선인」. ≪의사학≫, 8권 1호.

신영전·김진혁. 2014. 「최응석의 생애: 해방직후 보건의료체계 구상과 역할을 중심으
로」, ≪의사학≫, 23권 3호.

신영전·윤효정. 2005. 「보건운동가로서 춘곡 양봉근(春谷 楊奉根 1897-1982)의 생애」.
≪의사학≫, 14권 1호.

안병욱. 2012. 「한국의 과거사정리와 재일교포 조작간첩 문제」. 『'유신체제와 재일동포
유학생 간첩단 사건의 진실과 의미' 한일공동심포지엄 자료집』.

조수헌. 1995. 「환경오염에 의한 건강피해: 우리나라의 실태와 문제점」. ≪예방의학회
지≫, 28권 2호.

지승준. 1996. 「1930년대 사회주의 진영의 전향과 대동민우회」. 중앙대학교 사학과 석
사학위논문.

최규진·황상익·김수연. 2009. 「식민시대 지식인, 유상규(劉相奎)의 삶의 궤적」. ≪의사
학≫, 18권 2호.

황상익. 2011. 「북으로 간 의사들」. 건국대학교 통일인문학연구단 제16회 콜로키움 발표
자료.

3. 단행본

71 동지회. 2001. 『나의 청춘, 나의 조국』. 나남.

강준만. 2002. 『한국 현대사 산책 1970년대편 2: 평화시장에서 궁정동까지』. 인물과사
　　상사.

고은 외. 1995. 『내 인생의 책들』. 한겨레신문사.

김지하. 2014. 『구리 이순신』. 범우사.

민주화운동기념사업회 연구소. 2006. 『한국민주화운동사 연표』. 선인.

_____. 2009. 『한국민주화운동사 2』. 돌베개.

보건과사회연구회. 1999. 『보건의료인과 보건의료운동』. 한울.

산업안전보건연구원. 2010.4. ≪안전보건연구동향≫, vol 32.

서울대학교 60년사 편찬위원회 편. 2006. 『서울대학교 60년사』. 서울대학교.

서울대학교 농촌법학회. 2012. 『서울대학교 농촌법학회 50년: 고난의 꽃봉오리가 되다』.
　　민주화운동기념사업회.

서중석. 2007. 『한국현대사 60년』. 역사비평사.

송기인 외. 1998. 『부산민주운동사』. 부산광역시 시사편찬위원회.

신영전·비판과대안을위한건강정책학회·전국사회보험지부. 2010. 『국민건강보장쟁취사』.

의료연구회. 1989. 『한국의 의료: 보건의료의 정치경제학』. 김용익 감수. 한울.

이재오. 2011. 『해방 후 한국 학생운동사』. 파라북스.

이진이. 2005. 『이순신을 찾아 떠나는 여행』. 책과함께.

이창언. 2014. 『박정희 시대 학생운동』. 한신대학교출판부.

이호룡·정근식. 2013. 『학생운동의 시대』. 선인.

조선농촌사회위생조사회. 2008. 『조선의 농촌위생: 경상남도 울산읍 달리의 사회위생학
　　적 조사』. 임경택 옮김. 국립민속박물관.

청년과학기술자협의회. 1990. 『과학기술과 과학기술자』. 한길사.

최길성. 2004. 『일본 민속학자가 본 1930년대 서해도서 민속』. 민속원.

한국기독교교회협의회 인권위원회. 1987. 『1970년대 민주화운동 I』.

한종수·홍기원. 2013. 『4·19 민주올레』. 프레스바이플.

홍세화. 2009. 『나는 빠리의 택시운전사(개정판)』. 창작과비평사.

4. 신문 자료(주간지 및 인터넷 매체 포함, 1차 사료 제외)

김명수. 2001.1.12. "[클릭 이사람] (124) 설교하는 의사 황승주". ≪경향신문≫.

김주완. 2001.4.24. "[지역사 다시 읽기 73] 박정희 시대-서울의대 간첩단사건". ≪경남
　　도민일보≫.

유시춘 외. 2003.10.12. "짓밟힌 여공들 일깨운 '작은 예수'". ≪경향신문≫.

주희춘. 2013.4.24. "5.18광주민주화운동 마지막 수배자 윤한봉(1947.12~2007.6) 〈3〉".
　　≪강진일보≫.

최인기. 2010.4.14. "[우리사회의 빈민운동사](3) 70년대 도시빈민운동". ≪참세상≫.

한홍구. 2013.5.3. "유신과 오늘-〈38〉 부마항쟁". ≪한겨레≫.

≪뉴스메이커≫. 신동호의 박정희시대 관련 기사.

≪뉴스제주≫. 2011.4.13. "24년전 오늘…4·13 호헌 조치를 아시나요?"

≪미디어오늘≫. 1999.6.3. 심재택 관련 기사.

≪민중의소리≫. 2012.2.11. "만민보 350번째 시인 서홍관".

≪오마이뉴스≫. 2007.4.26. "삶은 슈바이처, 철학과 사상은 체 게바라: 운동권 출신 녹
　　색병원 양길승 원장 인터뷰".

≪중앙일보≫. 2003.2.14. "(2)서울의 봄 - 1980년과 2003년:80년 봄 주역들 이젠 정치판
　　의 核".

≪프레시안≫. 2012.8.14. 김용익 인터뷰.

≪한겨레≫. 2004.6.9 "복음자리 마을은 어떤 곳?"

＿＿＿. 2013.10.2. "이정국의 '노동자·서민 보듬은 '약손' … 녹색병원 어느덧 10살".

≪한국농어민신문≫. 2005.2.28. "황민영 위원장, 그는 누구인가".

5. 구술 자료

고경심 메일 인터뷰(2015.4.3).

고한석 인터뷰(2014.9.25).

심재식 인터뷰(2014.10.30; 2015.2.7).

양요환 인터뷰(2014.9.30).

최수자 인터뷰(2014.9.30).

황승주 인터뷰(2014.9.26).
신천연합병원 25주년 기념 영상.

6. 온라인 아카이브

4·19민주혁명회 아카이브.
민주화운동기념사업회 오픈아카이브.
현대사기록연구원 4월 혁명 구술아카이브.

이 글을 제안받은 것은 2013년 5월경이었다. 신천연합병원 이사장
으로 계시던 고경심 선생님께서 신천연합병원에 대한 전사(前史)로서
사회의학연구회의 역사 정리를 맡아줄 사람을 찾는다는 소식을 전해
들었다. 당시 필자는 박사학위논문을 준비 중이었다. 박사학위논문이
라고 해서 뭐 대단한 작업을 하는 것은 아니었지만 다른 곳에 신경 쓸
여력은 없었다. 하지만 보건의료운동사에 대해 꾸준히 관심을 가져오
던 터라 욕심이 났다. 게다가 이런저런 자리에서 뵐 기회가 있었던 선
생님들의 과거 활동을 짚어볼 수 있는 일이었기에 놓치기 싫었다.

그렇게 과욕을 부려 시작한 작업이 거의 2년 만에 마무리되었다.
과연 의미 있게 결실을 맺었는지 모르겠다. 더욱이 이 글을 쓰는 데
너무 많은 분들이 도움을 주셨는데 그분들께 오히려 폐를 끼친 것은
아닌지 걱정이 앞선다. 많은 분들이 있지만 세 분께는 꼭 감사의 인사
를 남기고 싶다. 역사가 가볍게 취급되고 현재를 살아나가기도 버거

운 요즘 세상에 이런 기획을 세우고 관계자분들을 인터뷰할 수 있도록 다리를 놔주신 고경심 선생님께 먼저 감사의 뜻을 전한다. 그리고 이 책이 나오는 데까지 재정적 지원과 각종 자료 제공은 물론 꼼꼼한 교정까지 해주신 신천연합병원 노경선 원장님께도 감사드린다. 마지막으로 세 차례에 걸쳐 인터뷰에 응해주신 고한석 선생님께 감사를 표하고자 한다. 그의 꼼꼼한 구술이 없었다면 아마 이 글은 완성될 수 없었을 것이다. 아무래도 객관적으로 입증할 수 있는 사건들만 추리다 보니 그의 기여에 대해 충분히 드러내지 못한 면이 없지 않다. 중요한 시기마다 사의연을 지키기 위한 그의 노고는 분명 기억될 필요가 있음을 이렇게나마 새겨두고자 한다.

이 글을 쓰면서 개인적으로 가장 뜻깊었던 것은 내가 현재 두 발 딛고 살아가고 있는 역사가 얼마나 많은 사람들의 피와 땀이 서린 것인지 알 수 있었다는 점이다. 이런저런 자리에서 조용히 후배들을 격려해주시는 여러 선생님들의 과거에 그토록 치열한 역사가 있었다는 사실이 놀라우면서도 그동안 무관심했던 것에 대해, 역사를 공부하는 사람으로서 부끄러웠다.

특히 변두리 작은 병원에서 조용히 말기 암 환자들을 돌보고 계신 황승주 선생님을 뵀을 때의 기억은 잊을 수가 없다. 지극히 모범생이었다는 다른 선생님들의 증언에 꼭 들어맞게 작은 체구에 인자한 얼굴의 선생님께서는 자분자분 사의연의 역사를 들려주셨다. 그런데 찻잔을 든 그의 왼손 네 번째 손가락 끝마디가 비어 있었다. 그제야 "민청학련 사건 때 황승주가 혈서를 썼다"는 다른 선생님들의 증언이 떠올랐다. 순간 소름이 돋았다. '혈서를 썼다'는 얘기를 듣는 것과 그 분의 네 번째 손가락 빈 마디를 보는 것은 차원이 다른 경험이었다. 죽비를 맞고 잠에서 깬 듯한 기분이었다. 이런 경험을 할 수 있는 게, 아니 해야 하는 게 역사가의 임무라는 것을 이 글을 쓰면서 배울 수 있었다.

그런 값진 경험을 했음에도 불구하고 이를 얼마나 제대로 전달했는지 모르겠다. 만약 이 글을 통해 사의연의 역사적 의미가 제대로 전해지지 못했다면 온전히 필자의 부족함 때문이다.

마지막으로 아쉬운 점 한 가지를 언급하고자 한다. 이 글을 쓰면서 사의연 멤버들의 활동만큼이나 필자에게 감명을 준 것은 신천연합병원이 만들어지고 성장하는 데 기여한 병원 노동자들의 헌신이었다. 하지만 객관적 사료의 한계와 필자의 역량 탓에 여기까지는 담아낼 수 없었다. 병원 노동자들의 노력이 담긴 신천연합병원의 구체적인 활동상과 발전 과정은 추후 과제로 남기고자 한다.

사실 의사학(醫史學)을 전공한 필자에게 이 글은 단순히 사의연의 활동을 정리하는 작업이 아니라 근현대 보건의료운동사를 통사 형태로 정리하고 그 속에서 사의연의 위치를 자리매김해보는 쉽지 않은 도전이었다. 또한 보건의료운동에 관심이 많은 의료인으로서 운동의 의미를 되짚어보는 과정이기도 했다. 부디 그 도전의 가치와 고민의 흔적들이 독자들에게도 전달되었길 바란다.

엮은이

사 회 의 학 연 구 회

사회의학연구회는 1970년 사회의학 개념을 접한 서울대학교 의과대학의 진보적
의학도들이 결성한 단체로, 1948년 이후 맥이 끊긴 채 산발적으로만 이루어진
보건의료인의 사회참여를 1970~1980년대 민주화운동 속에서 조직적 형태의 활
동으로 발전시켰다. 또한 그 활동들의 수단과 목적에 있어 명확히 보건의료운동
적 성격을 갖춤으로써 1987년 이후 새로운 보건의료운동이 전개되는 데 중요한
교두보 역할을 하였다.

지은이

최 규 진

인하대학교 의과대학을 졸업하고, 서울대학교 의학대학원에서 인문의학을 전
공했다. 현재는 모교인 인하대학교 의과대학에서 의사학(醫史學)과 의료윤리
를 가르치고 있다.

한울아카데미 1899

한국 보건의료운동의 궤적과 사회의학연구회

ⓒ 최규진, 2016

엮은이 ┃ **사회의학연구회**
지은이 ┃ **최규진**
펴낸이 ┃ **김종수**
펴낸곳 ┃ **한울엠플러스(주)**
편집책임 ┃ **조인순**

초판 1쇄 인쇄 ┃ **2016년 5월 25일**
초판 1쇄 발행 ┃ **2016년 5월 30일**

주소 ┃ **10881 경기도 파주시 광인사길 153 한울시소빌딩 3층**
전화 ┃ **031-955-0655**
팩스 ┃ **031-955-0656**
홈페이지 ┃ **www.hanulmplus.kr**
등록번호 ┃ **제406-2015-000143호**

Printed in Korea.
ISBN 978-89-460-6177-4 93330

※ 책값은 겉표지에 표시되어 있습니다.